软银孙正义的高速PDCA工作法

[日]三木雄信/著

方 兰/译

中华工商联合出版社

图书在版编目(CIP)数据

软银孙正义的高速PDCA工作法/(日)三木雄信著；方兰译. —北京：中华工商联合出版社，2021.1
ISBN 978-7-5158-2870-1

Ⅰ.①软… Ⅱ.①三…②方… Ⅲ.①工作方法—通俗读物 Ⅳ.①B026-49

中国版本图书馆CIP数据核字(2020)第216238号

SON SHACHO NO MUCHABURI WO SUBETE KAIKETSU SHITEKITA SUGOI PDCA
by TAKENOBU MIKI
Copyright © 2017 TAKENOBU MIKI
Simplified Chinese translation copyright © 2019 by China Industry & Commerce Associated Press Co., Ltd.
Original Japanese language edition published by Diamond, Inc.
Simplified Chinese translation rights arranged with Diamond, Inc. through Lank Creative Partners co., Ltd. and Rightol Media Limited

北京市版权局著作权合同登记号：图字01-2020-6311

软银孙正义的高速PDCA工作法

作　　者：[日]三木雄信
译　　者：方　兰
出 品 人：李　梁
责任编辑：胡小英　马维佳
装帧设计：周　琼
责任审读：李　征
责任印制：迈致红
出版发行：中华工商联合出版社有限责任公司
印　　刷：北京毅峰迅捷印务有限公司
版　　次：2021年1月第1版
印　　次：2023年1月第2次印刷
开　　本：32开
字　　数：140千字
印　　张：8
书　　号：ISBN 978-7-5158-2870-1
定　　价：58.00元

服务热线：010-58301130-0（前台）
销售热线：010-58302977（网店部）
　　　　　010-58302166（门店部）
　　　　　010-58302837（馆配部、新媒体部）
　　　　　010-58302813（团购部）
地址邮编：北京市西城区西环广场A座
　　　　　19—20层，100044
　　　　　http://www.chgslcbs.cn
投稿热线：010-58302907（总编室）
投稿邮箱：1621239583@qq.com

工商联版图书
版权所有　侵权必究

凡本社图书出现印装质量问题，请与印务部联系。

联系电话：010-58302915

卷首语

速度也许会超出你的预想，零加班的高效工作法

"虽然按预定计划在推进着工作，**但是好像总是无法在规定的时间内取得成果。**"

"今天工作又做不完了，**又得坐末班车回家了。**"

"比起周围的人，我总觉得自己**不得工作要领，工作速度很慢！**"

"自己设置了工作目标和计划，**却总是苦于无法按自己设置的目标和计划去完成。**"

"即使是按照上司的指示在做工作，**却也还是无法把工作做好！**"

我想因为这样的事情而每天烦恼的人不在少数吧。

**软银孙正义的
高速PDCA工作法**

如果你依然因为这样的事情而烦恼，**那我告诉你，工作做不好并不都是你的原因。**

其实，你的工作方式以及上司的思考方式没有跟上这个时代的变化才是造成上述烦恼的根本原因。

这本书，就是为了解决大家的这个烦恼而写的。

"独立思考，不花费太多时间，按预期作出成果！"

简而言之，这本书对那些行之有效的工作方法作了较全面的总结和整理。

如果现在，你正面临着这样的困惑：要处理让你感到困难的工作、对工作或人生感到痛苦，那么请认真地把这本书读到最后。

当你读完此书，掌握了书中传授的工作方法，那么你的人生一定会翻开崭新的一页。

卷首语
速度也许会超出你的预想，零加班的高效工作法

PDCA 的使用方法将改变你的一切！

当问到人们对于 PDCA 有什么印象时，多数人都是这样回答的：

"虽然在工作中使用这个方法很重要，但是就我而言，并没有留意这个方法是否能产生实效这一问题。"

也就是说，很多人即使觉得 PDCA 工作法很重要，但在平时并没有刻意地去注意它，所以也就不会去考虑它的使用方法和效果了。

但是，大家应该是知道的，如果你需要把握好设立目标、计划立案、实行、检验、改善这五个工作要点的话，PDCA 工作法是出色完成工作时不可或缺的方法。

那么，为了更加快速有效地实行这五个要点，我们该如何使用 PDCA 工作法呢？

请试着想象一下。

假如你正在从事销售手机的工作。

当客人来到店里时，你会思考哪些事情呢？

例如，你会不会想到这些问题：

从进店客人的性别、服装、随身携带的物品等去判断他（她）会喜欢什么颜色，什么功能的手机？在你的头脑中仔细地对这个人做着这样或那样的分析，思考着拥有什么功能的手机能满足这些客人的需求？这样的念头会缠绕着你，让你思来想去。

怎么样？多数人在脑海中应该是建立了假设又否掉，又假设又否掉，反复地重复着这样的循环。实际上，这就是在反复运行着PDCA工作法。

除此之外，在制造业的制造现场和业务管理等场合，好的创意、好的销售业绩、员工管理中高效的工作环境，PDCA工作法在其中都发挥着重要的作用。

总之，如果能更快速有效地运行PDCA工作法的话，工作的速度和结果会理所当然地变得好起来。

卷首语
速度也许会超出你的预想，零加班的高效工作法

我在软银股份有限公司（译者注：下文简称软银，1981年由孙正义在日本创立，是一家综合性的风险投资公司，主要致力于IT产业的投资）工作时，就切身感受到了运行PDCA工作法给我的工作带来的这种变化。

软银在孙正义社长的领导下，总是全速地向前推进着各项事务。而且，由于很多项目需要同时推进，用普通的工作方式是无法保证多个项目能同时跟上进度的。

尽管如此，我还是拼命地工作，在孙社长身边学习并模仿他的工作方式，终于也变得能跟上他的工作速度了，工作质量也得以提升。最终我独立出来，成立了自己的公司，做上了自己想做的工作，收入也增加了。

所有这些得以实现，都是因为我快速有效地运行了PDCA工作法。现在的我可以说，就是在使用PDCA工作法做着自己的工作。**所以，只要能让PDCA工作法好好地运转起来，工作和人生都一定会变得如你想象的那样美好。**

孙社长的"高速PDCA工作法"

在这里，请允许我先介绍一下自己。

大学毕业后，我在三菱地所工作了三年，然后辞职进入了软银公司，成为了该公司的一名正式员工。在公司担任孙正义社长的私人秘书，同时作为项目经理成功地推进了几个大型项目，例如：

● 创立在线汽车服务网站（译者注：软银与微软公司合作投资的在线汽车服务网站，名为Car Point，后更名为Carview）；

● 开设服务新兴企业的证券市场日本那斯达克（译者注：Nasdaq Japan Planning Company, Inc.）；

● 收购日本债券信用银行（译者注：现在的あおぞら银行）；

卷首语

速度也许会超出你的预想，零加班的高效工作法

● 创建通信企业"YAHOO! BB"。

在孙社长的指导下，我辅助性地做了建立证券市场、收购银行、创建通信运营商等工作。

上述的这些项目，如果放在一家普通公司，有可能即便赌上公司所有的运气尽全力去挑战，通常想要做到成功也需花费数十年的时间，但是在软银却一个接一个地完成了这样的大项目，而且我都是作为项目的领头人，引导并推进了各项目的顺利进行。

你也许会想说"我自己肯定做不到"，"那是拥有特殊才能的人才能做到的"。

但是，像这样"不管是谁都认为是很厉害的工作"，只要你改变一下工作的方法，其实你也能做到！我这么说一点也不夸张。

现在来谈一下我这么说的原因。

刚进入软银工作时，我还是一个不满25岁的年轻人。以前

在三菱地所公司工作时，虽然也是竭尽全力地做着眼前的工作，但是事实上在商业领域自己还是一个完完全全的新手，严格说起来，还是一个马虎的、容易出错的普通职员。

进入软银后，在孙社长的指导下被任命参与了各种各样的工作。

但不管是哪一项工作，因为都是第一次做，所以感觉还是力不从心、无法胜任。入社后最开始交给我的工作是——用三天时间挑选一万件可以展开经营的项目。这个任务，不仅从数字上看让人难以接受，而且工作的要求很模糊，让人做起来感觉十分吃力。

另外，作为孙社长的贴身秘书我还要陪同他去各种各样的场合，所以那时因为业务不精也经常会拖孙社长的后腿。例如，当时的我英语口语很差，在和雅虎的商业会议中，和杨致远，还有该公司第一代CEO坐在一起沟通时，我的口语能力让孙社长感到十分难堪。

即使是如此狼狈，孙社长也认为这样的事情都是没什么关

卷首语
速度也许会超出你的预想，零加班的高效工作法

系的。

不管我是否能把这些工作做好，新的工作还是源源不断地被分配给了我。

所以，我花了很大的精力去深入思考"在软银，如何把自己的工作做好"这个问题。

因为孙社长交给我的工作都是些计划外而且让人无从下手的事情，用常人的思维去处理很难达到孙社长期望的工作节奏。但是，实际上孙社长本人也一直在做着这些所有人都认为不可能的事情。

如果是那样的话，就需要全面分析一下孙社长的工作方法，然后把它运用到自己的工作中以解决我目前在工作上的困境。

通过分析，我了解到孙社长的工作方法有以下几个特征：

- 对于目标，非常的讲究；
- 为了达成目标，会尝试使用"所有能用的方法"；
- "用数据严密地"不断检验曾经尝试的方法；

软银孙正义的
高速**PDCA**工作法

● 一直在探寻有没有"总是很好用的方法"。

孙社长就是这样忠实地使用着PDCA工作法做着所有的工作。

但是,孙社长的工作方法在极个别的地方与普通PDCA工作法的运行略有不同,注意到这个细微区别的我,尝试着去弄清楚不同的地方到底是什么,最终我在改善普通PDCA工作法,创造新的PDCA工作法上取得了成功。

其结果就是,我在进入公司两年后就升职到了社长办公室室长的位置。

而且,软银内一旦有什么难题发生,当人们必须要联系孙社长或公司里的某个人时,就会有人说"如果发生了棘手的事,不管什么事,找三木先生去处理的话总会有解决办法的"。就这样不可思议地,我得到了员工们的无比信任。

我在33岁的时候,辞去了软银的工作,自己出来创业了。

即使是现在,我和孙社长也一直保持着密切的关系,我每年都会带着和自己一起创业的伙伴们去拜访孙社长,汇报我们经营的情况,并从孙社长那里得到有益的建议。

因为在软银工作期间的成绩获得了大家的认可,我在

卷首语
速度也许会超出你的预想，零加班的高效工作法

辞去软银的工作，自己创业的时候还担任了如"日本的年金（退休金）记录问题作业委员会委员"等国家事业的多项工作委托。

另外，2015年春天，我又开创了名叫"TORAIZ"的一对一式的英语会话教室的事业，不到1年的时间就达成了单月盈利的目标。现在在东京的新宿、六本木一丁目、田町三田，大阪的堂岛这几个地方都开设了培训中心，今后也打算不断地开设分部，公司运营态势十分良好。

所有这些，我使用的都是在软银工作时总结出来的工作方法，让所有项目得以十分顺利地推进。

自从我创业以来，就不是以让员工加班作为前提的商业模式来推进公司成长的，而是以即使公司里的任何员工都不加班，也能让公司不断成长作为自己的目标来工作的。

现在，在我的公司里，我和我的员工都实现了零加班，不仅工作充实有成就感，而且业余生活也同样精彩。

我把创造了这种了不起业绩的工作方法称为"高速PDCA工作法"。

本书总结了能够简单地掌握这个高效工作法的方法，并归

纳出能够一生持续实践下去的要领。如果能使用好这个方法，不管是谁，我敢肯定地说即使是比现在多得多的工作，你也能更高质量地去完成。

卷首语
速度也许会超出你的预想，零加班的高效工作法

工作未见成效的深层原因

在观察孙社长工作的时候，我意识到普通员工工作拖延的情况，主要是有以下六个原因：

第一个原因是"对计划追求完美"。许多人因为太过于拘泥计划的周密性，而无法到达出成果的阶段。

第二个原因是"在一个球上倾注了全部的精力"。在做某件事情的时候，为了达到好的效果而尝试了一个又一个的方法，花费了太多的时间。

第三个原因是"对工作的期限预设过于乐观"。设定完目标后，预设达成目标的时间大体为一周或是一个月，但最终自己也不明白怎样达成的目标，或者是为什么没能达成目标。

第四个原因是"对目标没有设定具体的数值，而是设定了模糊的目标"。好不容易设定了目标，也在持续地记录着其结果，但是因为没能将这些结果用数字管理起来，所以无法在下一步工作中很好地使用。也就是没有做好自己工作的可视化管理。

第五个原因是"验证方法的不完整性"。在不断尝试各种方法的过程中，具体哪一种方法才是最有效的不得而知。有些所谓最终的结果，只是阶段性的结果，其实项目仍处在未完成的状态下。

第六个原因是"盲目自信主义"（即什么事都相信自己能去解决）。大部分人都觉得自己能胜任任何事情，所以在开始一项新工作的时候就从零开始摸索，从不借鉴他人的方法，其结果就是使之陷入困境，停滞不前。

上述所有的六个问题都能通过高速PDCA工作法来解决。

如果使用高速PDCA工作法的话，不用花费太多时间，就能在短期内找到最好的解决方案。而且，其利用数字来充分分析的方法，还能确切地发现工作中需要改善的要点。

卷首语
速度也许会超出你的预想，零加班的高效工作法

在孙社长耀眼的成功背后，有过无数次的失败。即使是那样，他也不会止步不前，而是持续挑战。这就是孙社长，而且也是让软银持续成长的真正动力。

期待每一位读者能在读完这本书时，掌握这个重要的工作方法，从而收获属于你的最好人生。

三木雄信

目录

卷首语 速度也许会超出你的预想，零加班的高效工作法 / 1

PDCA 的使用方法将改变你的一切！ / 3
孙社长的"高速 PDCA 工作法" / 6
工作未见成效的深层原因 / 13

序章 为何高速 PDCA 工作法能以超预期的速度处理工作呢？

软银最重视的"某件事情" / 002
"用结果来思考"更容易成功 / 008
"每天在改善"成长会更快 / 012
"使用数字"能正确地行动 / 016
技能一： 独立思考能力 / 020

I

技能二：使用数字的能力 / 026

技能三：不做无用功的能力 / 030

技能四：保持高昂工作热情的能力 / 034

技能五：拥有不惧失败的能力 / 037

第一章 驱动高速 PDCA 工作法的八个步骤

"高速 PDCA 工作法"的八个步骤 / 042

新人如何使用高速 PDCA 工作法 / 049

软银快速成长的战略 / 055

创业一年实现盈利的原因 / 058

实践高速 PDCA 工作法的五个诀窍 / 065

第二章 设定每天的工作目标
高速PDCA工作法中的"P"

软银的"行动"为何如此迅速？ / 071

结合"实际工作"来决定目标 / 076

目录
CONTENTS

"从实际工作开始"更有优势 / 080

以成为行业第一为基准来确定大目标 / 083

用"每天都能做到的事情"来定义小目标 / 088

最初的目标被"暂时搁置"也没关系 / 094

确定好"胜负的标准",工作可以"游戏化" / 098

第三章 同时尝试所有可能的方法
高速PDCA工作法中的"D"

得到"最优解"最确实的方法 / 102

"同时尝试所有可能性"是最高效能的方法 / 106

"最优解",即使是电脑在操作,不尝试也是无法知道的 / 110

成为他人的榜样,超越自我 / 112

"同时尝试所有可能性"的三个诀窍 / 116

创意是在实际行动中产生的 / 119

为什么在软银创意会如此丰富呢? / 121

只需要考虑"战胜今天"的方法并付诸实践 / 125

记录结果可以使目标值合理化 / 130

无法得出结果的人，是看不到"自己的工作"的人 / 133

第四章 用数字进行严密地检验
高速PDCA工作法中的"C"

"看不懂数字的人"该怎么做？/ 138

运用数字飞速提升顾客满意度的技巧 / 142

分析原因和结果的"多变量解析"/ 146

过程可视化的"T字账目"/ 153

个人的工作可以用"T字账目"可视化 / 160

第五章 提炼最好的方法
高速PDCA工作法中的"A"

软银连续四年赤字亏损的原因 / 167

目 录
CONTENTS

用"最好的方法"超过日本最大的

移动运营商公司 / 170

提炼好方法的"6∶3∶1法则" / 173

引导对方说"Yes"的"交涉理论" / 178

打动人心的是可视化 / 183

第六章 借助他人的力量

借助他人的力量,成就自己的事业 / 189

为什么说孙社长善于用人呢? / 193

借用孙正义"取胜模式"的必胜法 / 197

锻炼借钱能力的方法 / 200

拥有学习的热情更容易获得帮助 / 203

让他人愿意助你一臂之力的说话方式 / 208

勇敢地说出你的志向 / 213

V

卷尾语 **软银持续成长不停止的秘密** / 219

时价总额 200 兆日元的世界头号企业 / 219

在低速成长的日本，成长还能继续吗？ / 224

如果以"第一名"为目标，谁都可以获得成长 / 227

序章

为何高速PDCA工作法能以超预期的速度处理工作呢?

这本书总结了高效运行PDCA的工作法，以及用超出预想的速度取得成果的相关技巧。为什么这是有可能实现的呢？另外，真的能取得成果吗？我想有人对此还是存有疑虑的。

因此，在这一章中，将详细阐述高速PDCA工作法在软银的日常工作流程中的具体作用和重要影响，以及由此产生了怎样的结果，同时我将列出具体的实例以利于大家理解。

软银最重视的"某件事情"

如果用一句话来形容软银这个公司的话，直截了当地说应该是这样的："以压倒一切的速度成为世界顶级企业。"

通过"不停歇地重复着前所未有的挑战"是有可能实现这样的愿景的。

序章
为何高速 PDCA 工作法能以超预期的速度处理工作呢？

在20世纪90年代成立的Yahoo！JAPAN，在日本国内开始了最早的检索服务。21世纪初它通过设定ADSL业务的极低价费用加入了网络服务商的领域，在日本国内迅速占领了宽带市场。

2008年苹果手机开始了在日本的垄断销售，改变了在此之前以翻盖手机为主流的日本手机市场。

最近在各种店铺里见到软银开发的机器人"Pepper"的机会越来越多了。不久之前，"机器人接待客人的场景，还是科幻世界中的事情吧？"虽然像这样想的人还是挺多的，但现在这样的情景却并不罕见了。

外界普遍认为日本企业自主创新能力不足，但是，**为什么只有软银能以高速度持续展开创新性事业呢？**

这个原因也很简单。**因为软银把所有在风险可控范围内的可能尝试的事业，都以小规模的模式尝试着做了一遍。**

一般人们所看到的只是它"在ADSL业务中获得了500万用户"，"让苹果手机在日本取得了爆发性的增长"这类巨大的成功而已。如果只看新闻报道的话，看到的大概只是软银冷不

003

防地挑战了一个大目标，而且快速获得了成功。

然而，这其实是个很大的误会！

这些结果换言之，只是最终的目标，在此之前它其实经历了艰苦卓绝的过程，**"尝试了各种各样的方法和技巧，一边积累小的成功或失败的经验，一边达成了大的目标"**。

在巨大的成功背后实际上有数不胜数的失败案例。我自己都记不清到底遭受过多少次挫折了。

在每个大项目中，我们都尝试了各种各样的方法。例如，在ADSL业务中，为了增加用户数量，我们在全日本的各大中间商处设立了销售点，分发宽带装置，不管是谁，只要有需要我们就上门安装宽带装置，试着将宽带装置和其他商品捆绑销售，还尝试了各种有可能提高销量的方法。

苹果手机的独家销售权，我们也并非是短时间内轻易获得的。其实早在好几年前，软银的手机就已经和iPod打包销售了。

软银手机的外观设计也更改成了与iPod外观和颜色都相同的"白底+银色"，在我们所能想到的各个方面尽力与苹果公司的产品建立关联。正因如此，才获得了史蒂夫·乔布斯的青

序章
为何高速 PDCA 工作法能以超预期的速度处理工作呢？

睐，被选为他们在日本的商业伙伴。

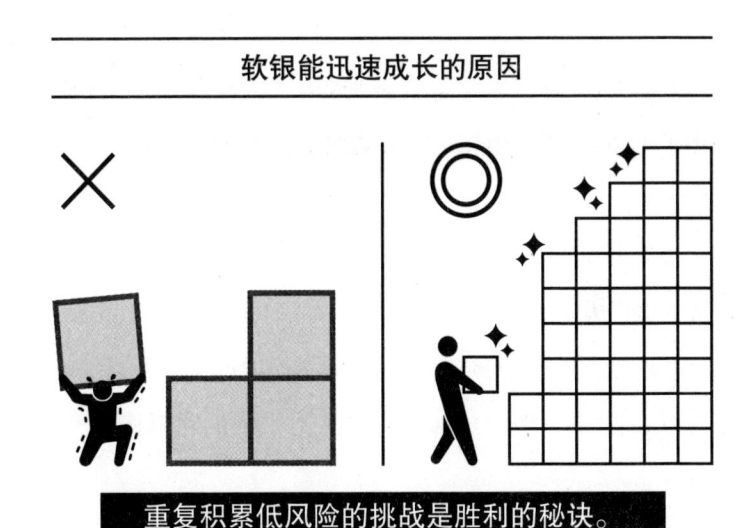

软银能迅速成长的原因

×　　　　　　○

重复积累低风险的挑战是胜利的秘诀。

　　软银的成长经历**看上去像是经历了高风险巨大挑战的结果**，实际上它是在风险可控范围内不断挑战自我之后的集大成的结果。

　　当然，在这个过程中也经历了很多的失败和挫折。

　　但是，因为我们都是从风险可控的项目开始着手做的，所以就算是失败也不会造成巨大的损失。这些失败也都成了宝贵的经验，在下一个项目计划中能发挥其相应的作用。

很多人这样认为："孙社长凭借优秀的经营天赋和直觉，猜中了下一个时代可能会流行的东西，因此，这不是一般人能够模仿的。"

事实上并非如此，孙社长也是在经历了反复的失败后，才一步步接近成功的。

在这个成长的过程中孙社长一刻不停地运用着高速PDCA工作法。只是，他的PDCA工作法比别人的稍微多下了点功夫。

这么说的话，也有人会觉得"因为那是具有领袖魅力的孙社长所率领的组织，所以才能做到，不是吗？"他领导的公司每个员工都素质优良，准备充分。

但是，事实并非如此。这就是我接下来要列举的，只要做好三件事，孙社长的成功谁都可以复制！

① 将能想到的方案，尽可能地全部同时实行；

② 确定每天的目标，每日检验结果并且做出改进；

③ 目标和结果都用数字进行管理。

我将这三点称为"软银三原则"！

你可能会百思不得其解，"这样就能成功吗？难道不是因为拥有了像你这样能干的人才吗？"

千真万确！将这三件看似寻常的事情纳入PDCA工作法中，进行切实地积累，这就是软银飞跃发展的最大秘密。

我将这种PDCA工作法命名为"高速PDCA工作法"。

"用结果来思考"更容易成功

可能有人会有这样的疑问:"就这三点真的能改变工作的速度和结果吗?"

然而,真的改变了!

首先,我从第一个原则"将能想到的方案,尽可能地全部同时实行"来说明理由。

开始一个新项目的时候,很多公司都会做好周密的计划。"这样的话是可行的。"这样的共识在公司内部通过后,只实行一个计划。这可以说是为了将风险降到最低的一个流程吧。

但是,其结果怎样呢?

这个计划执行并不顺利的时候,接下来再来考虑别的方案,这样的情况是大多数公司的操作。

其失败的原因是因为"这样的话是可行的",这个判断基准是依据过去的经验而来的。

决定开拓新顾客的时候,十年前我就从顶级的优秀销售员那里得到过这样的建议:"因为所谓销售是人与人的联系,不是单纯只靠打电话或是发传真就可以的,首先是要亲自去拜访对方,应该面对面进行交谈。只靠发邮件是毫无作用的。"真是如此吗?在IT如此发达的时代为什么不使用邮件呢?

因人而异,只接受邮件往来的情况也是有可能的。

过于拘泥于过去的经验,反而会提升风险。在大多数的公司里应该不都是同样的情况吧。

一方面,软银着手一项新的项目时,会一边开始着手实行往前推进,同时也在一边推敲推进的办法。

"重新开拓新顾客本来就很难。用和以往相同的方法是很难获得新客户的。最应该做的是首先与对方取得见面的机会,所以必须找出确实能做到这一点的方法。"

"与对方取得联系的方法有直接拜访、打电话、传真、邮件、写信。试着将所有的方法都做一遍,寻找最有可能的能见上面的方法。"

软银孙正义的
高速PDCA工作法

用结果来思考会更准确

✕ 即使制订再周密的计划,我们也不知道是否真的能成功。

先周密地调查后再制定方案。

失败了……

◎ 尝试各种方法,用结果来思考会更准确更迅速。

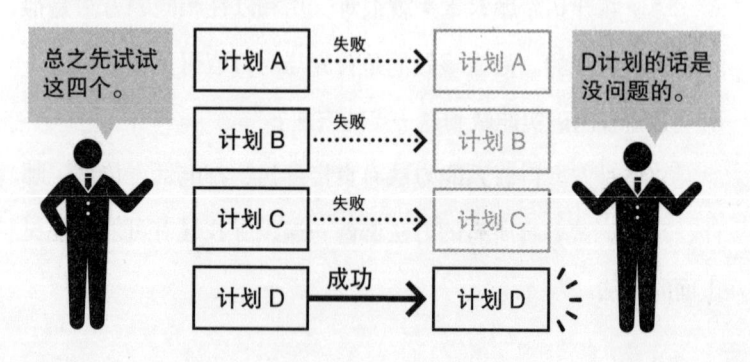

总之先试试这四个。

计划A	失败 →	计划A
计划B	失败 →	计划B
计划C	失败 →	计划C
计划D	成功 →	计划D

D计划的话是没问题的。

序章
为何高速 PDCA 工作法能以超预期的速度处理工作呢？

"尝试了五种方法，结果发现发传真是最有效的能和对方见上面的方法。下面就试着在发传真的内容上下功夫吧。"

将这些能想到的方法一个接一个地实行，找出其中性价比最好的方法，从某一时点开始就只在那里投入所有的力量。

在这个过程中，**不要看过去证实的经验法则，而是基于目前的结果来分析，制定战略。**

因为我认为把时间浪费在既往的经验中寻找思路，并大肆讨论其可行性，这样的事情是没有必要的！按照我建议的方法去做，**速度是最快的。**在开始行动的同时，再对具体的操作作进一步的完善，这样就不会因等待或反复试错，而白白浪费宝贵的时间，商机也就不会因此而流逝，出现**结局以失败而告终这种事情！**

"每天在改善"成长会更快

接下来我们来谈一谈第二个原则"确定每天的目标,每日检验结果并且做出改进",坚持这一点会发生怎样的变化。

包括我任职于软银的经历在内,我接触过各种商业活动以及政府的公众事业活动,无论在哪一类职场,第一名和最后一名的业绩都有很大的差距。

即使在同一职场做着同样的事情,优秀员工和普通员工可产生三倍大的差距。这是我一贯的观点。

这个差距是从哪里产生的呢?**这就在于是否意识到了"工作的质量"这件事。**

我在"Yahoo! BB"项目中担任呼叫中心负责人时,特别强烈地感受到了这一点。

话务员的工作质量可以通过"一天内处理的电话数量""应

付每位客人使用的时间""通过电话推销成交的比例"等等，这些指标来判断。

出色的话务员一天可以处理三十件的话，普通话务员就是十件的程度。出色的话务员处理投诉等比较棘手的问题，平均花费五分钟左右的时间就能完成，普通话务员则需要花费十五分钟以上的时间。

做同样的事情，却有如此不同的结果，我对此大吃一惊。

出色的话务员会记录每件事情的通话时间，必定会去确认一天内能处理的事情数量。然后，他们常常会考虑"要怎么交谈才能缩短通话时间呢？"

顺便一提，出租车司机也是完全一样的。

乘坐出租车时，我会询问那些熟悉路况、业绩好的司机："您在公司的营业额应该是前几名吧？是其他人的几倍呢？"一般会得到"大约三倍左右"这样的回答。

"我会思考怎么走最快最省时间，如什么时间在哪个点经过的话，大约会有多少客人。如果每天思考的话，就能比别人接到更多的客人。"

优秀的司机们也会每天对自己的工作结果进行检验。

软银孙正义的
高速**PDCA**工作法

每天进行改进，成长会更快

✗ 因为普通人是每月进行改进，所以成长比较缓慢。

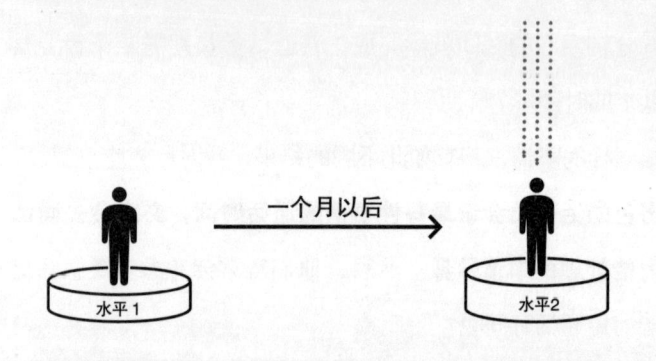

水平 1 —— 一个月以后 → 水平 2

◎ 如果每天都进行改进，会以比普通人好几倍的速度成长。

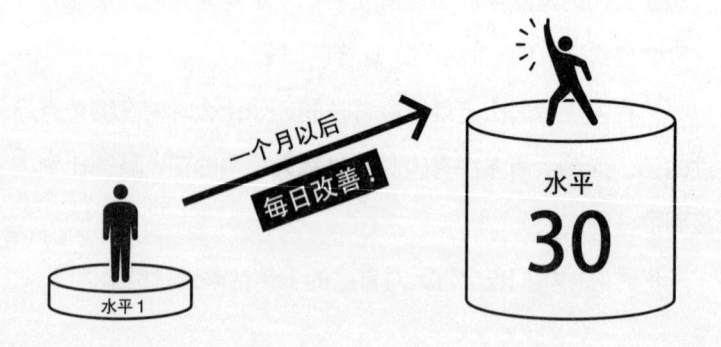

水平 1 —— 一个月以后 每日改善！→ 水平 30

序章
为何高速 PDCA 工作法能以超预期的速度处理工作呢？

像这样工作出色的人，一定会回顾自己的工作。反过来说，**通过每天的改进，即使是普通人，也可以取得很好的成果。**

软银一直认真地做着"乍一看很普通的事情"，因此才能更快地获得想要的结果。

"使用数字"能正确地行动

接下来我们谈第三个原则"目标和结果都用数字来进行管理"。

"这个已经在做了。"可能很多人都会这么想。但是，这不还是在靠直觉和经验进行判断吗？

在软银，如果是这种程度的判断，谁都不会听你说话的。当我们得出某个数字时，我们一定要给出选取这个数字的依据。每个人都被要求在这个水平上进行分析。

例如，假设某个药妆店的销售业绩随日期变化而变化。这个时候，负责人做了这样的分析，"销售额不好的日子多为下雨天，销售额好的日子多为晴天"。

这样的分析在软银是行不通的，就从这点来说，下雨的日

序章
为何高速PDCA工作法能以超预期的速度处理工作呢？

子也有销售额好的时候，另外，晴天也有销售额少的日子。虽然天气有可能影响销售额，但要考虑到它对销售额的影响毕竟是有限的。

软银的员工会被要求搞清楚：下雨的日子在什么情况下销售额会下降或是上升，要进一步分析到这一程度。

实际上，不仅仅是天气好坏会对销售额的高低产生影响，附近其他超市进行促销活动的日子、竞争对手的店铺发行优惠券的日子等等因素，都有可能对销售额的高低产生影响。

如果收集到了这样的信息，就可以针对这样的日子来考虑对策。

通过一般性的分析再加上严密的数字来佐证自己的分析，才能准确地把握事物发展的正确规律。

这样的话就可以做出最合适的决策了。所以，正确的行动才是达成目标最正确的方法！

数字有着驱动人前行的力量。以数字为基础来制定目标，在此基础上，为了达成这个数字人们会认真思考具体可行的方法。

因为有明确的数字为目标，所以人们可以考虑制订怎样的

软银孙正义的
高速**PDCA**工作法

通过数字来思考就能发现真正的原因了

星期	一	二	三	四	五	六	日
天气	🌧	☀	🌧	🌧	☀	☀	🌧
销售额	10 万日元	**30** 万日元	5 万日元	**20** 万日元	**30** 万日元	20 万日元	10 万日元
超市		特卖日		特卖日	特卖日		

销售额增长的原因不仅是下雨，还和超市的促销日子有联系。

配合超市的促销日，我们也做一些促销活动吧。

不要放过数字的细微变化，要思考"为什么"，这是很重要的。

计划来提高数字。

通过数字来管理目标和结果,在此基础上可以更快更准确地接近成功。

软银孙正义的
高速**PDCA**工作法

技能一： 独立思考能力

以这三件事情夯实基础，软银以压倒性的速度极快地成长了起来。

说到这儿，经常听到有人说这样的话："因为软银有很优秀的员工，所以这才是可能的。"确实，软银的员工都很优秀。

但是他们并不是从一开始就这么优秀的。在刚进公司的时候，和其他公司刚入职的员工一样并没有太大差别。不止如此，过去还有许多员工是中途进入公司的，大家的水平也都是参差不齐。

但是，**普通人在软银工作的过程中习惯了软银的工作风格，也就变得高效起来了。**

软银的工作方法就是"高速PDCA工作法"，通过不断重复使用这个方法，个人能力和组织能力都会得到快速提升。

因此，能高效地做出工作成果。

要说到在工作中使用高速PDCA工作法能培养哪些能力，归纳起来应该有以下五点：

① 独立思考能力；

② 使用数字的能力；

③ 不做无用功的能力；

④ 保持高昂工作热情的能力；

⑤ 拥有不惧失败的能力。

为什么能拥有这些能力？该如何掌握它们？下面我们来开始谈谈这个吧！

首先是"独立思考能力"。

在普通的公司里，员工并不是独立思考后才开始行动的吧。大多数场合下，都是由上级领导或老员工根据经验先制订计划，下级就按照这个计划的流程按部就班地来展开工作。

但是，这样的话，员工无论做到什么时候也不可能培养出独立思考的能力。

大家知道大荣这家企业吧，它曾是日本营业额第一的大超市。

其创始人中内功先生喜欢亲临现场指导，即使在成为社长、会长后还是会坚持去卖场指导，给出"把这个货架上的商品重新摆放一下"等这样事无巨细的指示。

在公司规模很小的时候，公司高层通过现场指导能让组织内部产生活力和干劲，组织会因此变得强大。这种类型的领导凭借敏锐的直觉，能判断出"什么商品会卖得好"，所以在一段时间内销售额会不断上升。

但是，当组织发展成拥有超过七万人的大型组织时，高层再想无一遗漏地把握住现场每个角落的情况，这是不可能的。实际上最后其本人也会抱怨说"到最后完全不知道现场都发生了什么"。

只会依靠高层指令的组织，是应对不来现场的各种突发状况的。

这样的组织只会慢慢地销声匿迹。

> 序章
> 为何高速PDCA工作法能以超预期的速度处理工作呢？

实际上，曾经号称"日本零售界第一"的大荣公司也从20世纪90年代开始因经营不善而急速衰退，最后沦为永旺的子公司。

也就是说，**部下只会遵从上司的指令行事，最后导致了大荣的衰退。**

部下只是按照上司的指示来行动，"不进行思考"，被认为只会做吩咐过的事情。

独立思考能锻炼"思考力"

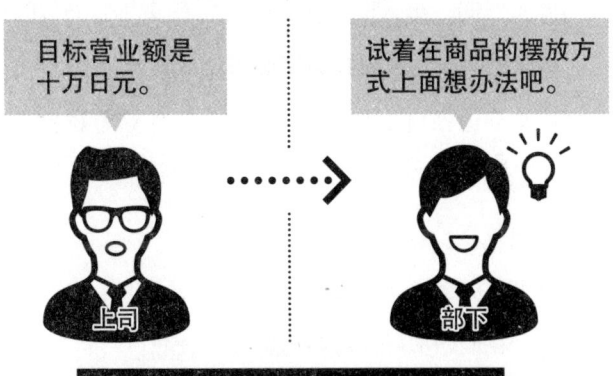

目标营业额是十万日元。　　　　试着在商品的摆放方式上面想办法吧。

上司　→　部下

思考习惯会增强你的思考能力。

例如，即使明知销售额正在下滑，但在没有接到上司的指示之前，员工是不会采取任何行动的。

大荣公司不能顺利发展的原因，不就是没有建立起让员工独立思考、处理问题的有效机制吗？我这么说似乎也不为过！

那么在软银的话，员工是怎么行动的呢？

假设，软银在试着经营一家超市。

孙社长在卖场里面转了一圈，他绝不会干预卷心菜和胡萝卜的摆放位置。他会将店铺经营与现场的流程交给直接面向顾客和商品动向的员工。

与此相对的，每天的销售额像店铺或卖场商品似的被严格管控，**员工们为了达成目标数字必须绞尽脑汁。**

"因为最近独自生活的老人增加了，比起整颗卷心菜，切开分成小份的更受欢迎。因此，就把切分好的卷心菜放在架子上最显眼的地方吧。"

"今天气温突然下降了，副食专柜里冷的三明治卖不出去啊。所以，我们增加可以加热的炖菜品种吧。"

像这样的事情各个卖场的负责人都会有清晰的认识，**费尽**

心思，想尽办法。

现场的每一个人都会检验"自己所做的是成功还是失败"，考虑接下来该怎么做，然后实行。就这样，我们做的工作将直接关系到工作的成果。

这样每日思考的行为并不是暂时的，它会持续地让业绩实现增长，它将软银的员工都变成了"会思考的人"。

技能二： 使用数字的能力

"为什么这个数字你答不上来？！"

有一天在董事会上，孙社长大发雷霆。孙社长在开会听报告时只要有他在意的地方，哪怕只有一点儿，都会不断地向负责人提出尖锐的问题。如果对方不知道怎么回答，开头那句愤怒的话就会传出来。

如果是一般的公司，你回答"稍后向部下确认后再向您报告"这样的话，在现场可能是可行的。然而在软银即使你是一名董事，也必须有在现场对事情用详细的数字进行把控的能力。

被这样要求的不只是董事，因为每一件事情都有可能出现一万种状况，所以**现场的员工也被要求掌握用详细的数字来说明问题的能力。**

序章
为何高速PDCA工作法能以超预期的速度处理工作呢？

软银之所以这样重视数字的作用，是因为这是孙社长的人生信条。

我还在软银工作时，每个部门的销售额和新合同的数量，每天都会用表格展示出来。现在已经进入到了实时都可以用数字来检查变化的时代了。

在会议上孙社长会看着这份实时更新的报表向员工们接连不断地提出问题。

"今天为什么只有3000个新客户？"

"要怎么做才能把这个增加到5000件？"

面对这样的提问，员工们会自觉地去掌握最新信息，无论数字高于目标还是低于目标都会主动去分析原因，以求能得到所有问题的答案。

这就是软银给每位员工的目标。

在这个特殊的环境中，尤其要具备这种"使用数字的能力"。

重视数字当然是有原因的。人们在考虑事情的时候如果不使用数字，不知不觉中就会因含糊的思考而产生想法，容易导致半途而废。总而言之，**人必须通过数字来思考。**

所以，在软银很重视用数字进行思考的工作方式。

因为每天和数字打交道，所以能锻炼"数字敏感度"

销售额有点不太够啊。 → 还差100万日元，想点解决方法吧。

经常和数字打交道就能磨练员工对数字的敏感度。

"因为软银的员工很优秀，所以才能做到那样的工作吧。"可能有人会这样想。

当然也有一开始就擅长数字的人，但那只是一小部分。**大部分员工原本也是不擅长和数字打交道的**。特别是文科毕业的员工，对数字不敏感并不少见。

即使是这样的人，在软银运用高速PDCA工作法工作的过程中，自然而然地对数字的感觉会变得敏锐起来。

序章
为何高速PDCA工作法能以超预期的速度处理工作呢？

"要让明天的销售额比今天高10%，应该怎么做才好呢？"

"下个月开始要想让每个月平均增加100个客人，应该改善哪里呢？"

"四周后要将顾客的投诉率降低30%，应该怎么做才好呢？"

像这样习惯和数字打交道，数字的敏感度也会变强。

以我的经验来说，对数字的感觉并非天生的，它与你在日常工作时能否意识到数字有很大的关系。

技能三： 不做无用功的能力

大家应该听过"二八定律"吧。

"整体部分的80%是由20%的因素决定的。""二八定律"作为帕累托定律的别名而被广为人知。原本是经济学家发现的定律，现在被广泛地运用于商业界。"销售额的80%是由销售好的20%的商品产生的"，"拥有100名员工的公司，其销售额的80%是由销售额前20名的员工实现的"。

如果将它运用到个人的工作中，"工作中80%的问题是由工作中20%的原因造成的"。总而言之，"如果整个工作的20%都能顺利进行的话，那么整体80%的问题就会得到解决。"

实际上运用高速PDCA工作法你会在自己的工作中看到"二八定律"。

序章
为何高速PDCA工作法能以超预期的速度处理工作呢？

例如，如果是一名营业员的话，"其销售额的80%，通常是由其20%的客户创造出来的"。这样的结论说明"二八定律"也是成立的。

通过之前的各种结论分析，假设明确了"最近三个月的销售额是由IT业和入境旅行商创造出来的"，那么如果把工作重点集中在这两个行业进行的话，也许能以更高的效率显著提高销量。

要想在工作中取得卓越的成就，就要将精力集中到切实能取得成果的事情上，将效益较低的工作往后排。

为此你要学会经常用数字检验自己的工作，以此来调整工作的先后顺序，从能获得最大效益的工作版块开始着手工作。

在工作时你有没有这样想过："你是为了什么才做的这份工作？"

会这样想正是因为不知道工作的目的是什么，因为目的不明确，而不知道工作的意义……虽然有各种各样的理由，但最根本的原因就是不知道工作的先后顺序。

不清楚工作的轻重缓急顺序的人，其工作是徒劳的，总是

031

处于忙乱无序的状态中。

明白先后顺序就不会做无用功

	营业时间	月营业额
印刷公司	50%	30万元
IT公司	50%	70万元
总计		100万元

如果能调整优先顺序的话，成果将显著提升。 →

	营业时间	月营业额
印刷公司	20%	20万元
IT公司	80%	120万元
总计		140万元

优先做和成果密切相关的工作，结果一定能变好。

在软银时我说过要用数字来管理工作。在数字管理的基础上，我们能一目了然地看到某项工作是如何与要达成的目标产生关联性的。

如果我们懂得了要用数字管理工作的话，那么现在我们正在做的工作还有必要继续吗？是不是还有与取得成果更加有直接联系的工作需要我们做呢？

现在我们正做着的这项工作的某一部分可能是徒劳的。如果我们能清楚自己的工作哪些是必要的，哪些是徒劳的，工作的效率自然会更高。

于是，我们就能"不做无用功"！

通过数字管理来看一个又一个的步骤，自己的工作将变得"可视化"，也能看到先后顺序。如果员工采取的步骤都是直接指向结果的有效行动，组织就不会做无用功，成长速度自然会变快。

技能四： 保持高昂工作热情的能力

员工的动力是企业成长最大的原动力。在企业的成长中如何提高员工的动力呢？这两者之间有着紧密的关联。

软银的员工就常常保持着"高昂的工作热情"。

为什么这是可能实现的呢？答案之一就是"经营者的态度"。

我认为经营者有两种类型。

只靠高层的想法来推动公司的"独裁型"的经营者和促使每个员工思考的"组织激励型"的经营者。

令人意外的是，孙社长是"组织激励型"的经营者。因为他是极具领袖魅力的经营者，所以容易被认为是独裁型的领导，但是孙社长并非所有的事情都是上令下达的。

"独裁型"和"组织激励型"的经营者有着各自的优缺点。

和孙社长一样被称为领袖的经营者在过去也有很多。

序章
为何高速 PDCA 工作法能以超预期的速度处理工作呢？

自己独立思考，动力会增强

✗ 做被吩咐的工作会降低干劲。

上司：今天要做某某事呢。

部下：没办法，做吧。

◎ 能做自己思考过的事情会提升动力。

上司：请达成某某目标。

部下：好的，我来试试各种方法。

035

之前提到过的大荣公司的中内先生正是"独裁型"经营者的典型。然而这种经营管理的方法最终会导致员工干劲低迷，让组织丧失朝气。

这是因为在**工作中让员工积累最大压力的是"只做别人吩咐的事情"这种状态**。

"一边思考着这份工作是否有意义"，一边在上司的指示下加班到深夜，没有比这更辛苦和空虚的事情了。

另一方面，如果是孙社长的话会怎么样呢？

组织激励型的经营者乍一看可能会觉得员工负担很大。

然而，**每个员工都有自己独立的思考**，"自己的想法成功了，今天比昨天销售额提高了两成"。**这样能每日感受到实实在在的成果的话，就能积极地着手工作了**。

员工拥有了能回应这位孙社长"作为经营者的态度"和应对孙社长高要求的能力，"拥有了通过自己的努力和思考就能取得成果的成就感"，因为这两个原因，所以软银的员工工作热情高涨，动力十足。

这种**成就感的积累会成为整个公司的动力，助力公司更快地成长**。

技能五： 拥有不惧失败的能力

对大多数人来说，工作时最大的烦恼就是"如果失败了怎么办？"因为这种压力，应该有很多人完全不敢去挑战。但是，这样个人也无法成长，工作也不能取得成效。

软银为了防止这类事情的发生，将**"以失败为前提进行行动"**这样的事情进行规则化。

在其他企业里这可能是不可想象的事情，但在这里是理所当然的。

因此，要具有"不惧失败的能力"。

当然，软银也是不允许失败的。但是它是不把失败当做是最终结果，所以在趋近目标的过程中的失败是可以被允许的。

孙社长到现在为止也并非总是成功的。在挑战过程中，结果是失败的案例也有很多。

但是，那个失败是从一开始就在考虑范畴内被允许的，本来就是在"可能成功，也可能失败"的基础上实行的。

所以就算失败了那也只不过是确认"原来如此，这种做法是不行的"操作而已。

也就是说，软银**"不认为失败是失败，而是将失败当做学习过程来把握的组成部分"**。

"那样如果不行的话，这样做会怎么样呢？"明确失败后

因为失败是允许的，所以会去挑战

虽然可能会失败，但如果成功就能得到这样的成果。

好的，试着做做看。

成功了，结果比我想象的要好。

拥有勇于挑战氛围的公司是员工不畏惧挑战的公司。

应考虑的改善对策，再实行的话就可以了。一面迅速地大量试错，一面不断地改善方式实行项目的话，就一定能达到制定的目标。

在允许失败的前提下，实现"绝不会失败的生意"，这样的结果是有可能的。

这就是软银一直取得成功的原因。

将失败转变成学习的过程，有以下三个要点：

① 事前向上司汇报失败的可能性；

② 即使失败了也要及时出示新的可能走向成功的方案；

③ 所有计划都同时执行。

如果能抓住这三个要点，即使是软银以外的其他公司，失败也能被理解成一种学习的过程。

很多时候之所以失败，是因为有的人喜欢在众人面前夸大其辞，有关成功的描述言过其实。

在这个不知道下一秒会发生什么的今天，满脑子不切实际地去胡乱尝试的话，所有的事情是否能成功将是一个未知数。

所以，我们需要做的是，**在事前明确现在的尝试都有失败的可能性，必须让相关人员做好"失败是成功之母，失败将促**

进我们的学习，使我们更接近成功"这样的心理准备。

"因为可能会失败所以就不去挑战"，就像是在说"我们已经放弃了成长"。因此，对抗风险的程度是个人和企业成长的关键因素。

所以，我们只能以失败为前提去不断地推进工作。

有很多人畏惧失败，那是因为他们只把失败当做失败来考虑了。但是，如果我们把失败看做是成功的必经之路，那么失败就不那么恐怖了。

如果不断重复这个过程，就会慢慢意识到失败并不意味着最终结果也是失败了。

第1章

驱动高速 PDCA 工作法的八个步骤

到目前为止，我已经谈到了通过高速PDCA工作法可以取得卓越成就的相关理由，其要点在于三个组织结构和员工能力的培养。

本章将会对高速PDCA工作法的构成要素即整个流程的八个步骤，以及具体运用作详细的说明。

"高速 PDCA 工作法"的八个步骤

"PDCA工作法是怎么构成的呢？"

有这样疑问的人一定很多吧！

虽然没有实际一样一样地都做过，但是，不知不觉中都会有沿着PLAN（计划）、DO（实行）、CHECK（检验）、ACTION（改善）这样流程的工作经验。只是，不知道更为详细的做法而已。

第1章
驱动高速PDCA工作法的八个步骤

为了便于大家理解，我们先来复习一下PDCA工作法。首先，我们看看维基百科是如何介绍的吧!

> Plan（计划）：以以往的实际成果与将来的预测等为基础制订工作计划。
>
> Do（实行）：按计划开展工作。
>
> Check（检验）：评估工作是否在按照计划进行着。
>
> Action（改善）：调查没有按计划实行的部分，进行改善。
>
> 依次将这四步进行一周后，将最后的Action连接到下一个PDCA循环中，像画螺丝钉那样每一圈都能提升到更高的循环，持续改善工作。

那么，在实际的操作中该如何运转呢？

例如，假设有一家便利店，因为销售额问题陷入了困境。

这个便利店对客户进行了调查，结果表明，销售额停滞不前的原因与商品的吸引力不足有关。店长决定马上引进新商品，但是却无从得知什么样的商品会受消费者的欢迎。

因此，我们决定使用PDCA循环来搜寻畅销商品。

① 从新商品一览表中选出一个可能畅销的商品；
② 制定新商品一个月的销售目标（PLAN）；
③ 出售所选商品（DO）；
④ 一个月后检查新商品的销售情况（CHECK）；
⑤ 分析卖不出去的原因，售卖与前一个相比有可能畅销的商品；

普通的PDCA工作法

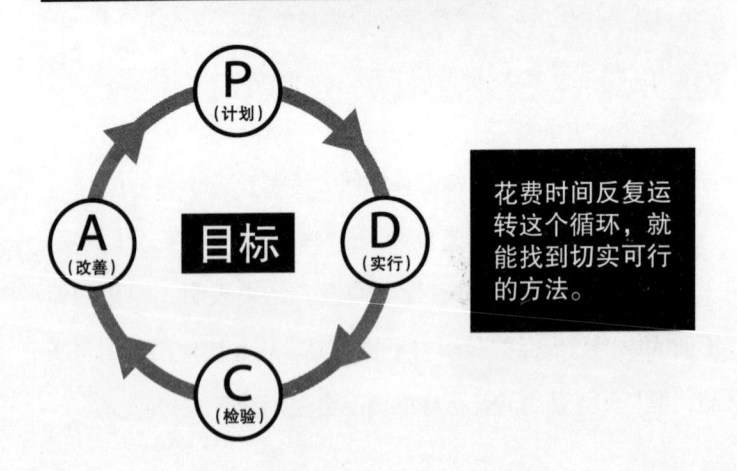

P（计划）
D（实行）
C（检验）
A（改善）
目标

花费时间反复运转这个循环，就能找到切实可行的方法。

⑥ 重复②~⑤这个过程，找到可能畅销的新商品。

这样就可以试出可能畅销的新商品了。于是水到渠成，就找到了能改善这家店铺销售额的新商品。这就是普通的PDCA循环的基本过程。软银也很重视这种基本的思考方法。但是通过本文介绍的"高速PDCA工作法"则可以更加准确地加速PDCA的有效运转。

关于具体怎样实行，用上述便利店的事例进行说明的话就很容易理解了。

① 决定新商品**"一个月的销售目标"**；

② 以"一个月的销售目标"为基础，反过来推算和制定"每天的销售目标"；

③ 制作新商品的清单，制订一个月和每天的销售计划（PLAN）；

④ 将清单上列举的所有商品同时进行销售（DO）；

⑤ 每天检验是否达成了"每天的销售目标"（CHECK）；

⑥ 以检验为基础，每天改进商品的摆放位置、陈列方式

（ACTION）；

⑦ 一个月后，用数字来检测到底哪个是达成了"一个月销售目标"的商品；

⑧ 集中力量在能够达成"一个月销售目标"的商品上加大销售力度。

这与普通的PDCA有什么不同呢？

要点如下：

● 有**"大目标"**（一个月的销售目标）和**"小目标"**（每天的销售目标）；

● 不是一个一个地按顺序来尝试某个商品，而是**多个商品一起尝试**；

● 没有等一个月之后再检验结果，**而是每天都在检验结果**；

● **锁定最优秀的商品，再进行集中销售。**

能成为人气商品的是饭团、冰淇淋，还是饮料呢？如果有时间的话，可以详细地调查便利店的客户和周围住户的特征及

第1章
驱动高速 PDCA 工作法的八个步骤

边做边想速度会更快

✗ 一般的公司会在P（计划）这里花费过多的时间和精力，浪费了时间。

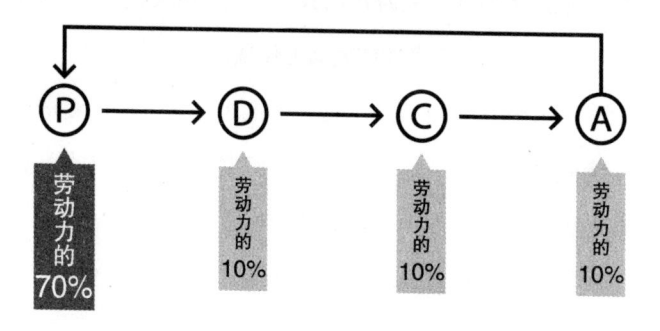

P → D → C → A

- 劳动力的 70%
- 劳动力的 10%
- 劳动力的 10%
- 劳动力的 10%

◎ 因为软银致力于"实行"和"检验"，所以PDCA在加速运转。

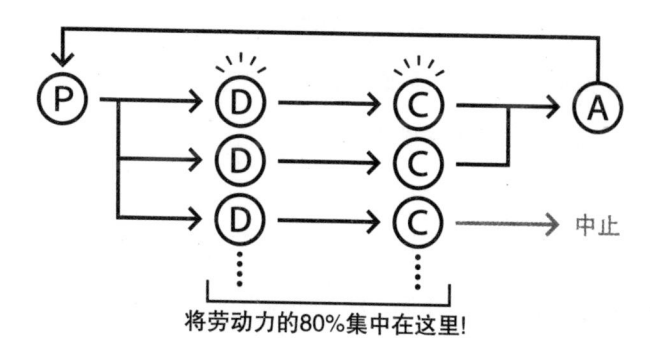

P → D → C → A
　→ D → C
　→ D → C → 中止

将劳动力的80%集中在这里！

047

行动轨迹，选出可能会大卖的商品目标。但是，这只是预测，不能说是准确的答案。

这样的话，**从一开始就不是只想找一个正确的答案，而是把所有可能大卖的商品同时找出来。**这样一来哪个商品畅销就能一目了然了。**这就是高速PDCA工作法。**

如果用这个方法的话，比起普通的PDCA它能以更快的速度更准确地知道哪些是主力商品。工作安排的不同马上就会直接关系到结果。

整理高速PDCA工作法的整个流程，有以下八个步骤：

① 制定大目标（以周、月为单位）；

② 制定小目标（以一天为原则）；

③ 列出对达成目标有效的方法；

④ 设定一个期限，同时尝试所有的方法；

⑤ 每天检验目标和结果的差异；

⑥ 在检验的基础上每日进行改进；

⑦ 找出最佳的方法；

⑧ 提炼和优化最佳的方法。

第 1 章
驱动高速 PDCA 工作法的八个步骤

新人如何使用高速 PDCA 工作法

高速 PDCA 工作法是怎样构成的呢？为了让大家有更清晰的印象，这次我们试着用业务员的工作来解释说明。

根据接下来要介绍的内容请思考：新手业务员未完成指定营业额的因素有哪些呢？

> 有位新人进入某复印传真复合机的经营代理店工作。他在那之前完全没有销售的经验，但是在进入公司的第二天就开始销售工作了。
>
> 公司要求的定额任务是每月签下五份合同，上司给了他几张潜在客户的名单，要求他从第一位客户开始按顺序打电话，去拜访取得预约的对象。上司给出的建议是"加油，做什么事情都需要积累经验"。

> 在接下来的一个月里，新人一个劲地打电话。
>
> 但是电话要么打不通，要么和对方没说几句话就被挂断了，最后好不容易才取得了两个预约。即便他去拜访了预约的两个人，想尽办法要与对方签约，但最后还是一份合同也没签下来。

你认为这个新人没能完成任务的原因是什么呢？

"因为是新人，经验少，所以没办法。"

"不能按照指示去做好，是因为他本身能力不足！"

"上司没有指导好。"

虽然不能说完全没有这样的因素，但真的仅仅是这样吗？这个新人如果积累了三个月、六个月的经验，你觉得他什么时候能完成这五个定额任务呢？

我觉得他还是做不到的！

如果从软银的角度来看，其中的原因是很明了的，这个新人没能达成定额的原因可以归纳为以下三点：

① 什么都不想就开始打电话；

第1章
驱动高速 PDCA 工作法的八个步骤

② 没有记录每天的结果；

③ 没有用数字掌控自己的工作。

总而言之，这位新人做了和我在序章中介绍的与**"软银三原则"完全相反的行动**。而且有很多人在现实中都是以这种方式来行动的。因此，我认为这是很难取得成功的。

如果他是软银的新人，会怎样开展工作呢？我们试着应用之前的八个步骤来考虑一下。

> 新人将"一个月取得五份合同"定为一个大目标（步骤①）为了达成这个目标，假设把"每天会预计和十个客人进行三分钟以上的谈话"设为小目标（步骤②）。
>
> 接着为了达成小目标，从上司那里拿到了"潜在客户名单"（步骤③），并决定打电话过去（步骤④）。
>
> 每次通过名单上的联系方式打电话时，将"说了几分钟""说了什么内容"等信息详细地记录下来。另外改变自我介绍的方式，提出各种各样的问题，尝试所能想到的有利于销售的说话方式。

然后在一天结束的时候，检查是否达到了个人目标（步骤⑤），考虑明天该怎么打电话（步骤⑥）。就算经过一周还没有拿到预约，你也会注意到在记录的过程中，根据电话对象的职业和年龄，电话接通的难易程度和谈话时间会发生变化（步骤⑦）。

　　因此，以记录为基础，第二周集中打电话给比较容易接通的潜在客户（步骤⑧）。这样一来能和你交谈三分钟以上的对象会超过十人，一周内就能取得五个预约。第三周去拜访取得预约的对象，将其中一人带到展厅，让他实际试用一下公司的产品。然后在第四周和对方签订合同，第一份合同就此诞生了。虽然最终没能完成"五份合同"的定额任务。

　　但是如果一周每天都能达成"一天和十个人进行三分钟以上的谈话"的话，一个月之后就能预计取得一份合同。

　　"如果以下个月每一天和十个人进行三分钟以上的谈话作为每天目标的话，一个月期间根据每周层层积累的效果来改进的话，后面的某一个月里就有可能取得五份合同。"于是这个新人决定这么去实行。

第1章
驱动高速 PDCA 工作法的八个步骤

这个新人下个月之后就有可能每个月都能完成定额目标了。

这是因为他在**高速PDCA工作法的技巧中得到了最好的工作方法**。

不需要高成本和能力，在**可控的风险范围内由部分到整体地尝试能够实行的销售方法**。通过积累和改善方法，经过"每天和十个人进行三分钟以上的谈话"这样的小成功，最后达到"一个月得到五份合同"的**最终目标**。

这样一边反复摸索，一边以惊人的速度运转PDCA的话，即使是没有经验的新人也能达成目标。

只是凭借口头上鼓劲"只要努力就能做到""只要有干劲就能克服"，这样是得不到结果的。这并不是员工的责任心问题，而是上司的教授方法和思考方法都不到位的问题。

正确的方法应该是记录自己尝试的结果，如"名单中给谁打电话可以长时间说话的概率更高""说什么样的内容会让对方更有兴趣"，每天检验这样的结果，才能有的放矢地思考更好的做法。

"真的像这样做就能以软银那样惊人的速度取得成功了吗？"应该还有人会存在这样的疑虑吧！

但是**软银真的就是用这套方法，在各种千差万别的项目实践中，最终成长为日本的顶尖企业。**

第1章
驱动高速 PDCA 工作法的八个步骤

软银快速成长的战略

那么软银是如何运用这个工作法的呢?

软银仅用三十几年就成长为八兆日元(译者注:约6000亿元人民币)规模的大企业。

能达到这样的规模,主要就是因为**软银拥有和其他公司不同的战略。**这个战略正是高速PDCA工作法的运用。

企业发展壮大的过程虽说多种多样,但是在日本很多企业应该都是遵循如下的战略吧:

"捕捉公司所在市场的机会和潜在威胁,分析公司强项和弱项,同时在分析其他公司的强项和弱项的基础上以求维持和发展企业。"

例如,将创业者擅长的事业发展壮大的模式。松下公司是其中的典型，松下幸之助所创办的松下公司最初是从租房制作小电灯泡的插座开始的。以此为开端，通过制作台灯、收音机、电视……等各种各样的家电构筑了如今的地位。

另外，索尼、丰田、本田……等如今很多具有代表性的日本大企业也是这样成长起来的。

一个具有商业敏感度的优秀的技术人员，制造出了前所未有的便利的东西，并以此为基础扩大成事业。

而且，不仅仅是制造，在销售方面也扩大事业，扩大组织。说这些就是迄今为止日本大部分企业的成长故事也不为过。

与此相对的，软银的情况则有点不同。

软银没有严格的主营业务。

孙社长的战略要用一种说法来表达是稍微有点困难的。"他不断地探索和选择自己公司可能有优势的新市场，为了确立其优势地位，短时间内通过交涉筹集人力、物力、财力、信息等经营资源，以快速地成为第一名为目标。"这就是孙社长的战略。

也就是说，**不断开创新事业，通过发展那些事业来扩大其企业的规模。**

第1章
驱动高速 PDCA 工作法的八个步骤

实际上，软银的集团企业真的是涉及了很多的领域。从通信事业到手机的流通事业、金融业、职业棒球队的运营、信息通讯站点、出版、发电、游戏、机器人……数不胜数。

新公司最开始会由孙社长担任社长，等发展到一定规模就会交给部下去经营，他再去开发下一个新事业。

"接下来会发展哪些项目？"谁也不知道。

所以，**要尽可能地考虑更多的方法来执行它。只有这样做，目标实现的可能性才会最大化。**

这就是高速PDCA工作法。

也就是说，今后无论是在哪个领域都会去探寻有前景的事业，如果认为可行就会不断地进行投资。将资源集中在有前景的事业上，并急速扩大。当然，最初并没有确定主营业务，随着事业的发展，成长得好的那个就是最终的主营业务。

雅虎和ADSL为最初的主营业务，后期所有的主营业务都是用这个方法发掘的，是在众多业务中胜出的业务。

像这样，在其他公司为自己的唯一主营业务拼命努力的时候，**软银已经一个又一个地完成了主营业务，急速地扩张了。**

创业一年实现盈利的原因

我从软银辞职后,创办了自己的公司。通过使用高速PDCA工作法,我的事业很快就成功地走上了正轨。

我于2015年5月开创了帮助会员学习英语的服务事业,取名"TORAIZ"。

创业还不到一年,会员人数就已经超过了350人了。这项学习英语的服务事业开始时仅有三个人评论,一年后达到了让我自己都感到吃惊的数字。虽然最初有意向的人来咨询时,我们只有一个小的接待室,但公司现在已经发展到在东京和大阪开设4家分店的规模了。

我们最近计划在市中心的赤坂开设第五家分店。

我公司的服务和普通的英语培训学校相比，简直就是不合常理的服务。

"通过一年1000小时的英语学习，就能达到流利使用英语的能力。"这是最大的特点。

我自身从完全不会说英语的状态，通过一年1000个小时的学习，熟练掌握了英语，因为自己有这样的经验所以从中诞生了这个事业。另外，从美国人掌握日语最低也需要2200个小时的学习这一学术证据来看，即使反过来也成立。从这来看，大多数日本人在学校教育中接受了约1200小时的英语课程，那么剩下的1000小时的学习就是很有必要的。

然而，我的这个商业计划一经提出，就相继遭受到了公司内外的反对。

"忙碌的实业家一年抽出1000个小时来学习英语，这不太可能吧。"

这样的意见最多。

并且对专属教员一对一授课的方式也持有疑问。

因为每个学员都需配有私人教员，所以上课的费用会很高。"与其他英语学校相比会偏高。"这样的声音也相继出现。话虽如此，我还是有胜算的。

虽然这在英语学习行业中可能是不合乎常理的，但是如果是其他行业的话同样的商业模式已经成功了。

比如主张跟着私人教练一定能减肥成功的健身俱乐部掀起了一股热潮，这个事情大家是知道的吧。所以，我有这样的把握，"即使训练很严格，费用很高，但如果一定有成效的话应该是会有市场需求的"。

不仅仅是商业模式，我在设定"每位顾客的获取成本"的时候，也借鉴了健身房的成功经验。

我分析了健身房运营公司的财务报表，询问了对健身行业熟悉的顾问，全面地研究了该行业的结构。

以健身行业私人顾问每小时的价格作为基础，确定了"让一个上课的人从入会到学完为止需要的费用"的标准，在设定目标的阶段没有花费多余的精力，我们的事业一下子就结束了起跑。

我在创办事业时，接受了一家风投的出资。

因此我向投资者承诺，**"一年后的2016年6月一定会实现**

第 1 章
驱动高速 PDCA 工作法的八个步骤

单月盈利",也就是说设定了以此为目标。但是,我也补充了附加的条件。

"相对其他投资,这项事业**最初要花费很高的成本,为了招揽客人我会尝试所有的促销方法**。因此客人的获取成本在短时间内暂时会变得很高。**但是我会在试过的方法中选择最好的一种来实施,一年后就能达到目标值。**"

正如宣言所示,我尝试了所有的揽客方法。

在万维网(译者注:即web)和脸书(译者注:即Facebook)上打广告就自不必说了,我还在出租车上打广告、发传单,还**使用了四家网络广告代理商。**

之所以使用多家网络代理商,是因为它们的运营能力有差异。即使是同样的万维网广告,文本的书写方法和向我们的网站导航的方式都因代理商不同而有所区别。

即使有的代理商公司规模和营业额都还不错,但也依然存在下了错误的订单和宣传失误等情况;还有即使是同一家代理商,如果是其店里能力较差的员工负责的话,也无法取得让人满意的效果。

只考虑这点的话,**不尝试一下是无法知道的。**

有一段时期，新入会的会员和申请免费咨询的人员，有十天左右的时间突然出现了停滞的情况。

在调查原因时，我们发现这个月和上个月都使用了受众网络这种打广告的方式，在此期间，所有的会员申请变为了零。

于是，我们很快就终止了那个广告。

我们从广告代理商那里得到的解释是"这个被终止的广告，是用很便宜的价格就能接触到最广泛的受众的一种广告方式，其成本效率非常高"，广告播出以后的点击率（即广告的展示回数）也是非常好的。所以代理商很期待"让更多的人看到这个广告，申请人数肯定也会增加吧"这样的效果。然而现实的结果却与他们预想的完全相反。

如果是其他领域，这个广告也许还有它能发挥作用的情况。

但是，这种广告方式并不适合我的这份事业，即使在社会上普遍被认为是很好的宣传推广方式，但在自己的事业中却未必能取得好的结果，对此我感悟颇深。

就这样，**在衡量每个广告渠道和效果成本的同时，我的事业得到了持续发展。**

当然，我们也对每个阶段取得的数据做了有效管理。

将获客过程分为不同阶段的话，就是"通过广告聚集顾客""免费咨询""成为会员"三个阶段。

因此，算出"前来免费咨询的人中，会入会的人数比例"，就确认了其数值的变动。

如果上周明明是50%，这周下降到了30%，那其中的原因包括：

广告偏离目标受众层，可能那些对英语学习兴趣没有那么高的人也会来免费咨询；

或者负责免费咨询的员工技巧还不够熟练，可能做不出能让客人下决心入会的提案。

我觉得有各种各样的原因。

在这种情况下，我重新审视了广告的种类，实行了让员工强化进修的改善方案。另外还要确认数字的变化。

像这样持续运转高速PDCA工作法的结果就是在一年后的六月份，我按约定实现了盈利。

与一年前相比，每个客人的获取成本也成功降低了40%。这也是尝试了所有的揽客方法之后才知道哪个是"最好的方法"。

如果实行软银风格的高速PDCA工作法的话，即使是大部分人不看好或反对的挑战，即使是自己没有经验的工作，也能确实地做出成果。

通过这次经历，我再次确信了它的效果。

第1章
驱动高速PDCA工作法的八个步骤

实践高速PDCA工作法的五个诀窍

通过我的经验我已经告诉大家高速PDCA工作法在工作中的重要作用。

从下一章开始主题是关于高速PDCA工作法在"日常工作中的实践技巧"。

实践高速PDCA工作法的步骤正如我之前所说的。

我将这个流程分为五个章节来讲述。

第2章"设定每天的工作目标"

这一章涉及①②③点的内容。并且这是一种能迅速决断的"执行"方法。我想很多人不擅长设定目标，那可能是他们在设定目标上都习惯进行详细的事前调查吧。但其实目标要更轻

PDCA高效工作法的八个步骤

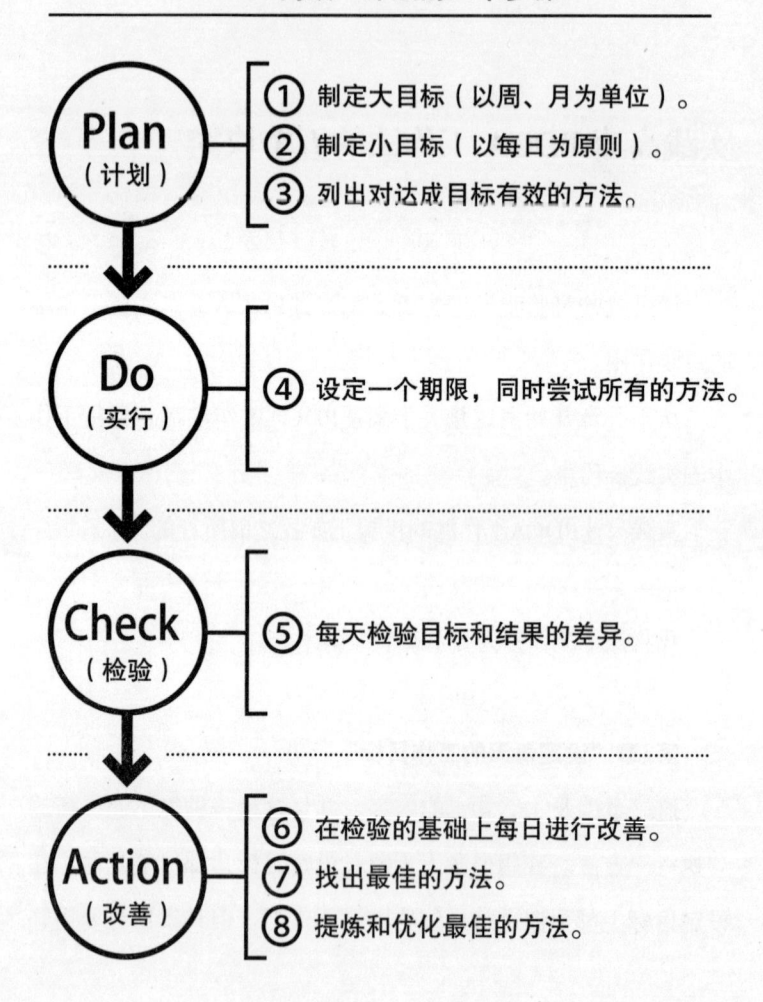

Plan（计划）
① 制定大目标（以周、月为单位）。
② 制定小目标（以每日为原则）。
③ 列出对达成目标有效的方法。

Do（实行）
④ 设定一个期限，同时尝试所有的方法。

Check（检验）
⑤ 每天检验目标和结果的差异。

Action（改善）
⑥ 在检验的基础上每日进行改善。
⑦ 找出最佳的方法。
⑧ 提炼和优化最佳的方法。

松地制定才好。为此，我写了关于设定目标的窍门。

第3章 "同时尝试所有可能的方法"

这是关于④⑤⑥点的。在高速PDCA工作法中如何同时尝试更多的方法是很重要的。要做到这一点最重要的是要能提出丰富的想法、创意。并且在此基础上将同事和上司也带入其中去实行。记录实行过的内容，并进行检验和改善。

我也写了顺利运行这一点的诀窍。

第4章 "用数字进行严密地检验"

这是关于用数字管理事物的方法。即使制定了很好的目标，也运行了PDCA工作法，但仅靠这个PDCA是不能顺利运转的。正确的分析也是很有必要的。为此我写了相关的技巧。

第5章 "提炼最好的方法"

这是关于⑦⑧点的。高速PDCA工作法的最终目的是找到最切实的能取得最高成果的方法继续实践。最初可能会被上司责备。另外，如果市场环境发生变化，也有可能变得不能通用。我也写了解决这种状况的相关技巧。

第6章 "借助他人的力量"

这里介绍了借助他人力量的方法。借助别人的力量会有好的结果。

虽然这么理解的人很多，但实际上真正懂得借助他人力量的人却并不是太多。这是因为觉得别人可能帮不上忙吧。为此我写下了消除这样的死心眼，让工作顺利开展的窍门。虽然和上述八个步骤没有直接的联系，但却是保证工作顺利进行不可或缺的因素。

我尽可能写得简单易懂，想办法让大家在读完之后确实能实行。例如，我给出一个具体发生过的问题，对此我会提出"这种时候，可以这样做"像这样的具有实操性的解决方案。

另外，我还注意到了提出能让所有人都能快速进行模仿的技巧。

只要你将这里写的方法付诸实践，就一定能改变工作的速度和结果。我向你保证！

第 2 章

设定每天的工作目标

高速 PDCA 工作法中的『P』

这一章将会对顺利运转高速PDCA工作法最开始的三个步骤进行说明。

① 制定大目标（以周、月为单位）；
② 制定小目标（以每日为原则）；
③ 列出对达成目标有效的方法。

就是这三个步骤。

只是，在说明这三个步骤之前，我要解释一下关于孙社长和其他人之间存在决定性差异的原因，即存在"实行的速度"的差异。这里决断的快速程度关系到了软银的所有行动。因为如果避开这一点不谈的话，孙社长的工作模式是无法模仿的。

第 2 章
设定每天的工作目标（高速 PDCA 工作法中的"P"）

软银的"行动"为何如此迅速？

软银为何能急速成长呢？

有两个原因：

① **任何时候都一定会马上行动；**
② **对目标的制定十分讲究。**

因为这两点，软银才能得以高速地持续成长。

在一般的公司里却没有这两个要素。大部分的公司通常在要马上行动时，设置了很高的阻碍条件，而在制定目标时，其讲究程度又很不够。

所以，在开始某事时是从对"实行这个有意义吗""有可能成功吗""做还是不做"这类问题的讨论着手的。于是大家开始寻找肯定做不了的理由，很容易得出"做了未必会成功"这样的结论。

即使好不容易决定"实行"，但又在"在哪里设定目标呢"的讨论上浪费时间……

这样的话无论过多久都无法得出结论。

与此相反，**软银实行的特点是"不间断"**，在讨论和分析之前先"做"。

并且，**定的目标，其困难程度常常出人意料**。而这在软银却是理所当然的事情。

我在软银工作的时候也是如此，一般孙社长决定的事情，公司全体员工都觉得"99%做不到"。

实际上我也这样认为。在公司决定加入ADSL业务时我强烈地表示了反对。因为无论怎么计算我都不认为只凭单个地区的成功就能取得盈利。

ADSL业务发展到全国这样大的规模以当时的情况看是无法想象的事情。这是因为对通信事业来说ADSL业务是非常麻烦的服务。

第 2 章
设定每天的工作目标（高速 PDCA 工作法中的"P"）

ADSL业务容易受使用场所和气象条件的影响。因为通信速度不稳定，可以想象用户肯定会对服务品质多有怨言。

另外，为了借助日本电报电话公司（译者注：下文简称NTT）的线路服务，要构建能够网罗全国范围的互联网，则需投入大量的时间和精力跟NTT进行交涉，而且还要投入大量的资金购入大量的设备。

总之，如果一开始就以"做ADSL业务，还是不做"这一话题进行讨论的话，"服务品质不够稳定""如果遭到投诉无法应对""成本过高"等做不了的理由是要多少有多少。

那么，在了解这些困难的基础上，不顾一切地加入ADSL业务的结果又如何呢？

从公布服务开始，三个月内，100万人的预约申请蜂拥而至。在2005年底"Yahoo！BB"的用户突破了500万人。

看到软银取得的巨大成功，其他公司也纷纷加入了ADSL业务，日本也迅速发展为世界上为数不多的宽带大国。仅几年时间，ADSL就完成了通信界的主流转变。

在孙社长采取超出常理的行动的基础上，业界的常理本身

也发生了改变。

值得一提的是，一开始最令人担忧的通信速度，却并没有引起什么大的问题。

从用户角度来看，实际上却有这样较良好的体验："虽然有时网络不稳定，速度会下降，但比起以前使用的ISDN来说绝对要快，这样就很好了。"

"ADSL就是这样的！"这种认识一旦传开了的话，这又将会成为新的常识。

被通信界过去的经验所束缚，持续"做，还是不做"这样的讨论的话，未来可能永远也不会到来。

像这样，软银在ADSL业务中能取得巨大的成功并不是因为提供了品质特别高的服务。

仅仅只是将他人不想做的事情率先做了而已。

孙社长有次谈及他的成功秘诀，我到现在都还记得。

"越是别人不想干的生意，就越能赚钱！"

选择别人"做不了"的工作和项目来实行的话能带来巨大的成功。因此，"先去做"这是很重要的！

第 2 章
设定每天的工作目标（高速 PDCA 工作法中的"P"）

✗ 一般的公司"做的阻碍"太多了，做什么都很花时间。

关于A这个方案

○○○　☆☆☆　□□□　△△△

今天完全决定不了啊……

○ 因为软银从"做"开始决定，所以能迅速行动。

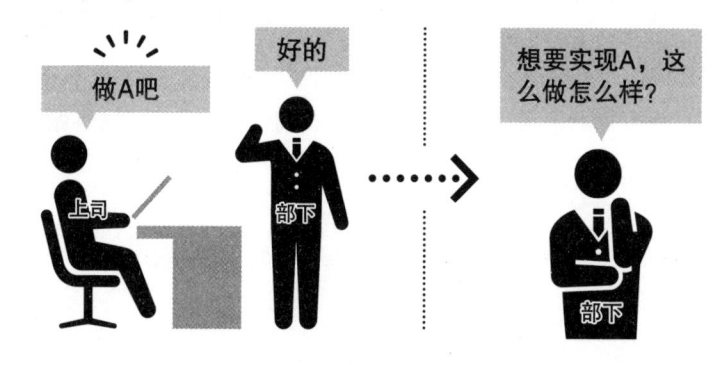

做A吧　好的　想要实现A，这么做怎么样？

上司　部下　部下

结合"实际工作"来决定目标

在决定做的同时，孙社长还决定了某件事情。

那就是决定了与高速PDCA工作法中的"大目标"相匹配的最终目标。在软银我们称之为"终极目标"。

用ADSL业务来说明的话，是这样的：

"加入ADSL业务后，首先通过一年的时间要获得100万用户。"

为此，公司订购了100万台的相关设备。因为已经订购了，所以决心不能改变了。这就是所谓的"终极目标"。

软银并不是从"Plan（计划）"开始，而是从**"目标+做"**来开始一切行动的。

第2章
设定每天的工作目标（高速 PDCA 工作法中的 "P"）

由于最初就设定了终极目标，如果决定要做的话，就不得不考虑"需要筹措多少资金""要召集多少人"等问题。

人在感受到压力的情况下去思考，思考的效率会成倍增长。

总之，一旦决定以此为终极目标，不管遇到任何不利的状况，都需要从终极目标反过来具体思考"什么时候应该做什么"。

临近工作的截止日期，压力也会到达顶点。**绞尽脑汁，就算硬干也要推动计划。我觉得谁都有这样的经历。**

因为有这样的组织构成，所以软银总能积极地去挑战新的事物。

"难道不是因为软银的资金和人员都十分充足，所以即便是离谱的目标也能想方设法地做到吧？"

这样想的大有人在，但这是个天大的误会。

如今才发展成大公司的软银，在2001年时，它还只是"人人皆知的IT风险企业"。

"Yahoo！BB"事业启动的时候也是，除了孙社长以外，包括我在内的所有成员仅有3人。办公场所也是杂居大楼里的一个小房间。

在宣告服务开始后规模的确扩大了，只是从其他各个集团公司招募的人手怎么也不够用，在应对客人的窗口客服服务中心甚至召集了完全没有经验的非正式员工和兼职学生。

如果最开始做了人员计划，"凭仅有的资源，开展100万人用户的事业是不可能的"。谁都会下这样的结论吧！

然而，因为孙社长设定的目标是不合常理的，在此基础上员工的思考也脱离了常识的束缚，产生了意想不到的想法和具有创意的解决方案。

而且，开展ADSL业务仅3年后，软银就收购了专做固定电话的企业——日本电信。在这2年后又收购了生产手机的企业沃达丰，作为通信企业，软银急速地扩大了。

设定明确的目标和果断地去做就能实现常规思维难以想象到的远大目标。

再强调一遍，如果没有确定目标后的立即行动的话，就不会有现在的软银。

第 2 章
设定每天的工作目标（高速 PDCA 工作法中的"P"）

之所以能达成终极目标，是因为在软银"每个人都坚信没有不能达成的目标"。所以，从最开始就能做出"目标+做"的决断。

"从实际工作开始"更有优势

"我既不是社长也不是管理层,更没有像孙社长那样的魅力,做不了和他一样的事情。"

我一谈到孙社长的事迹,就经常遭人如此反驳。

但是,现在的日本几乎没有哪一项工作从一开始就是人力、物力、信息等万事都俱备的状态。

中小型企业和风险投资公司自不必说,在大型企业中开始一个新的买卖和业务时也是差不多如此。

因为我们做的是对那个公司来说史无前例的事情,所以既没有有经验和有技术的人,更没有可参考的信息。

甚至从最开始资金就十分充足的情况也应该是比较少见的。

例如,在大多数企业里,制定事业战略时经常会使用一种叫"SWOT分析"的框架，但在大多数情况下得到的结果仅是"我们公司并没有什么优势和机会"。

因为是在人力、物力、信息都没有的状态下进行分析，所以出现这种结果也是理所当然的吧。

顺便一提，SWOT分析是指根据"优势"（Strength）、"弱点"（Weakness）、"机会"（Opportunity）、"威胁"（Threat）四个因素来分析自己公司所处的环境的方法。

如果优势和机会都没有的话，自然就会得出无论什么事业都"不做为好"的结论了。在如今的时代做那样的分析本身就没有太大的意义。

如果那样的话，**就应该思考：在没有任何优势的前提下"怎么做才能提供必要的条件呢"**？

软银就是这样来考虑的："如果能收集世间万物为我所用的话，我们能使用的资源将无穷无尽"。

软银并没有哀叹"什么都没有"，而是去考虑将"什么都没有"当成一种优势来看，会怎样呢？

这样一来的话一定能看见事业成功的突破口。

"自己经验尚浅。"
"我们公司相对竞争对手来说，知名度还比较低。"
像这样找借口得出"做不到"这样的结论是非常可惜的事情，如此一来，无论何时我们都抓不住成长的机会。

首先下定决心制定一个高标准的终极目标，再决定去"做"吧。

如果从那里开始的话，我们就可以展开以下的思考方向："经验尚浅的自己要做出成果应该怎么做才好呢？""我们公司知名度不高，要想赢过竞争对手应该怎么做才好呢？"

以实际行动为前提来考虑的话，从他人那里筹集自己没有的东西，主意无论多少都是能想出来的。

第 2 章
设定每天的工作目标（高速 PDCA 工作法中的"P"）

以成为行业第一为基准来确定大目标

那么，你做出决定要去尝试实行高速PDCA工作法了吗？

接下来是有关设定"大目标"的方法讲解。

不擅长制定目标的人应该很多。

"要达到多少数值才能叫成功呢？"

"要想在业界存活下来，最低应该达到什么样的标准线呢？"

在完成项目期间有这样的讨论是很正常的。

但是实际上考虑这样琐碎的事情是没有任何意义的。

设定目标应该考虑的事情只有一个——

"为了成为第一名，应该怎么做？"

仅此而已。顺便再说一下，如果公司给了目标的话，那么就先以此为标准吧。

孙社长自创立软银以来也常常以"成为第一名"为大目标。

第一名，举个例子来说，如果是公司的话，就是那个行业内销售额最高的公司，或者是发展最快的公司，总之，是取得业绩第一位的公司。

如果是销售员的话，在营业部取得最大成果的就是第一名。

如果以往的销售第一名一个月能签下30份合同的话，那就以取得比他多的50份合同为目标。

"50份！"你可能会感到震惊。但是，**这是只有以成为压倒性的第一名为目标才可能做到的**。顺便说一下，即使以100个为目标也没什么问题，只不过目标太高的话实现起来只会变得更困难，但是即使是这样，也要设定比现在的第一名确实高得多的数值为好。

另外，请一定使用具体的数字来设定目标。"以得到比A更多的合同为目标""以比N公司更高的营业额为目标"，像这样的目标，目标值是浮动的，且对目标的认识不够深刻，所以这样模糊的目标并不是可行的。

第2章
设定每天的工作目标（高速 PDCA 工作法中的"P"）

还有一点就是**一定要设置"到何时为止"这样的期限**。因为要尝试所有的方法，这样一直持续尝试精力是不够用的。所以，一个月也好，三个月也好，一年也好，请从所拥有的资源中推算出可以尝试的时间段。

在此期间若找到了"最好的方法"，随后便只需专注于提炼它即可。第五章我将会介绍如何做到这一点。

孙社长之所以忠情于成为第一名是有以下三个原因的：

① 有利于聚集人手；
② 有利于收集信息；
③ 有利于筹集到资金。

例如，在成立"Yahoo! BB"时，成员包括我和孙社长在内只有区区4人。但是幸好我们以成为第一名为目标，所以，很快就筹集到了"人力、信息、资金"等各种必备要素。

由于孙社长突然宣布"加入ADSL业务，接受100万份申请"这一决策，因此具有通信业界经验和知识的人员就接连不

以第一名为基准设立"大目标"

第一名的基准	大目标
销售的第一名 一个月30份合同	······▶ 一个月50份合同
业界的第一名企业 30万客户	······▶ 100万客户
世界第一名企业 市价总额69兆日元	······▶ 市价总额100兆日元

断地聚集到了我们公司。而且,"想要挑战在以前的通信界没有做过的新事物",一批像这样有志气、有理想的人也加入到了当时规模还很小的风险投资公司——软银。

在创立证券交易所"纳斯达克·日本"的时候也是一样的情形。

软银在启动该项目时,公司内基本没有熟悉金融和证券市场的人。虽然我是实际负责人,但那时也还是门外汉。

第 2 章
设定每天的工作目标（高速 PDCA 工作法中的 "P"）

即便如此孙社长也没有任何犹豫，说了这么一句："把媒体叫来，大规模地举办成立大会吧。"

公司分配给我的任务是召集全国2000名风险企业家来参会，于是即使是没有任何交集的公司也发送了邀请出席的传真，总算在参会人数上达到了成立大会希望的数量。

成立大会也多亏了电视和杂志等媒体的大肆报道，证券市场的专家们才能纷纷聚集到了孙社长的身边。

当中，不乏拥有在美国纳斯达克工作经验的人，为我们提供了真实有用的信息和技术，项目才朝着最终目标开始飞速发展起来。

从这些例子中我们认为：成为第一名不仅仅是"排名第一"的成就感，还有更大的价值。

因此孙社长的目标总是要成为第一名。

在设定一个大目标时请开始考虑"什么是第一名"。

用"每天都能做到的事情"来定义小目标

如果确定了大目标,那么接下来就来确定小目标。

设置小目标有两个明确的规则:

① **每天都能做到;**
② **设置为具体的行动。**

为何要以"每天都能做到"作为规则呢?

在一般的公司里说起个人"目标"的话,大多不都按一个月或是一周来设定目标吗?

如果是做营销的话,制定了每个月的定额,只有到了月末,本人和公司才能第一次知道"这个月的目标是否完成了"。

我觉得大部分公司都是使用这样的工作方式吧!

第 2 章
设定每天的工作目标（高速 PDCA 工作法中的"P"）

但是，我感觉以一个月或一周的时间段去循环使用PDCA工作法会过于缓慢。

这样的话，只有到一周或一个月结束时，才能知道自己能否成功。如果不能及时认识到自己的"失败"，就很难改善做得不好的地方。

假使到了月底你发觉了自己的错误，因为记忆变得模糊不清了，所以将过去一个月的东西总结复原并不容易，将会出现忘记某些细节、错过重要的需要改善的环节等各种情况。

尽可能早地察觉到自己的失败之处，趁着还没造成巨大的损失，认真地反复改善。这是高速PDCA工作法很重要的一点。

因此，每天都对工作结果进行确认是很有必要的。

那么，该如何寻找"每天都能做到的事情"呢？

要点就是要分"流程"来做。

正好有个实际的例子，我以此为基础来进行详细说明。

那时我旗下在不动产公司做营销的山田君面色严肃地来和我谈话。他是我大学同研究室的学弟，也是刚开始做这份工作才几个月的年轻人。

"虽然担任了面向法人办公室租赁房屋的工作,但完全签不到合同"。

那正是他所烦恼的事情。我向他询问具体情况,他说公司给他下达的目标是"每个月需要签订三份合同"。

那么我就先来整理一下山田君的整个工作流程:

① 给潜在客户名单上的公司打电话;
② 和管理不动产的负责人交谈,取得预约;
③ 拜访能取得预约的公司;
④ 把负责人领进公寓参观;
⑤ 签订合同。

这就是他的工作流程,大致分为五个阶段。

他的目标是"一个月内签下三份合同",这是个很大的目标。

那么,我从他的"②和管理不动产的负责人交谈,取得预

第 2 章
设定每天的工作目标（高速 PDCA 工作法中的"P"）

约"这个流程来着眼。

要问为何从这里着眼，因为如果不能与负责人取得预约的话，工作就没法朝着预定的大目标向前推进。反之，如果这个流程做的好的话，便是事物进展顺利的一个契机。

实际上山田君似乎不太擅长预约。

如果决定了每天都能实行的事情，那么这次就来**定义他的工作"品质"**。

我给出了这样的建议：

"如果对方负责人接了电话，请至少交谈十分钟。并且以一天能和三个人交谈十分钟以上为目标。且请在每天晚上六点结束这项工作。"

总之，"一天和三个人交谈十分钟以上"就是山田君应该追求的工作质量。

这里的重点是把目标落实到"任何人都能做到的有具体标准的行动上"。

例如，虽然被告知要"提高销售讲话的技巧"，但是没有具体的标准，不知道怎么做才能提升技巧。这时告诉他"一

091

设立"每天都能做到的"小目标

	✗ 行不通的例子		◎ 可行的例子
销售	让客户试用商品	→	一天通过打电话取得3个预约
服装	通过活动聚集顾客	→	一天和5个以上的顾客进行交谈
学习	写完一本问题集锦	→	每天学习3小时

天和三个人交谈十分钟以上",这样说的话,就连小孩子都能明白了。

这时"到每天晚上六点为止和三个人进行谈话",这样事先决定截止时间是很重要的。如果截止时间不够明了,就不能进行比较。

像这样在定义目标的基础上,更具体的行动会更容易落实每天的目标值。

第2章
设定每天的工作目标（高速 PDCA 工作法中的 "P"）

如果整理每天定义目标的流程的话，就是以下的步骤：

① 将工作分流程来做；

② 找到"与大目标相关联的每天的小行动"；

③ 设定可以达成目标的"具体的操作"。

最初的目标被"暂时搁置"也没关系

但是我决定的"三个人"、"十分钟"这样的数值是没有根据的。

无论打多少电话,对方很快就挂断的话也是得不到预约的。

在稍微长一点时间的交谈中,才能问出对方的需求,传达出对对方有益的信息,第一次求见的负责人也会想:"这样的话,那就去见一面吧。"

我只是基于这样的假说,暂且设定了一下这样的数值而已。

但是,最开始这样是没关系的。因为什么事情都不去做的话就不知道哪里需要改进,所以把时间浪费在分析"数值怎样设定才是正确的"这样的问题上是没有意义的。

试着去做一下,如果这个中间目标不能达成"一个月三

第2章
设定每天的工作目标（高速 PDCA 工作法中的"P"）

份合同"的最终目标的话，那么就需要将每天的数值目标进行相应地调整。

能交谈十分钟的话就符合质量标准了，不能的话就是不合格。

用类似这样的具体任务定义工作质量的话，无论什么业务就都能找到定义其质量的方法，也可以区别工作完成的质量好坏。

但是，和制造业有很大的不同，在做创造性的工作和服务时最初我们设定的目标数值不一定是正确的。

如果是汽车的话，从油耗和续航，到安全带的强度和安全气囊这些产品的质量标准都是由国家和业界以专业标准精细地制定的。

但是，在做创造性的价值和服务的工作时，并不像制造业这样有绝对的指标。想要知道这些标准的方法只有一个——去做。

总之假设也没关系，决定品质的定义，先去做，然后再验证其结果。顺利的话，就用同样的方法继续做，失败了的话，

每天修正你的目标值就好了。

　　这样做的话，你能比别人更快地经历更多的失败，在此基础上迅速修正自己的轨道。因此其结果就是最终比别人更快地达成目标。

　　山田君如果以十分钟为目标进行交谈还是没能签订下三份合同的话，那他就必须要修正决定其工作质量的标准和每天的目标。

　　例如，试着将每个人的谈话时间延长为十五分钟。或者保持谈话十分钟不变，试着将每天的目标人数增加至五人。

　　像这样每天反复检验和改善自己的中间目标的设定也是很有必要的。

　　或者实际验证的结果是，可能需要重新考虑打电话这个行动的流程本身。

　　"不动产管理的负责人大多都身兼有其他的业务，即使打电话也会因负责人太忙而无法接通。"

　　如果结果是那样的话，"首先用传真发送介绍房子的资料，让接收传真的负责人转交后再打电话，可能会让他对这里

第 2 章
设定每天的工作目标（高速 PDCA 工作法中的"P"）

的内容产生兴趣"。通过这样的行动来进行改善。

在这种情况下，"打电话"之前加上"发传真"这个流程。

并且，设定"一天发送二十份传真"这样的新目标，并试着实行就好了。

分流程也好，对行动进行工作质量的评定也好，一开始没有必要做的很完美。

最重要的是决定"每天胜负的标准"。

以此为基准，就能知道自己现在每天在做什么。

097

确定好"胜负的标准",工作可以"游戏化"

得知每天胜负的好处是"让工作的动力高涨"。

例如有一个销售员被要求"每月五百万日元"的销售额。

接近月底的话,能看出来这个月目标是否能达成,不过,一直到月中都会处于摸索的状态。

每天都在到处不停地打电话预约,不管见了多少客户,也不知道今天的自己是否已经离目标更近了一步。自己的努力是否已经足够,努力的方向是否正确,有没有问题……这些都不知道。总之,不知道现在的胜负。

而且,如果不能清晰地明确今天的结果,工作就容易变得拖延,每天就会不断地对自己说"虽然今天没有取得预约,从明天开始努力就好了"这样的话。

不停地拖延,临近月底才注意到"糟了,好像完全达不到

第 2 章
设定每天的工作目标（高速 PDCA 工作法中的"P"）

规定的数字"，就为时已晚。

最后等着你的只能是这个月没能达成目标这个最坏的结果。

长期的不懈地努力只靠"一个月的目标"是无法实现的。

如果能明白每天的工作情况的话，本人的工作动力也会有很大的变化。

最大的优点就是**能将工作"游戏化"**。

明确目标，如果能知道"今天胜利了"这一点的话，你就能够给自己打气："干得好"。心情会变得舒畅，夜里也能睡得香，第二天也能继续努力吧。

即使你发现"今天输了……"，你也应该会去具体地思考"所以，明天试着使用不同的方法与客户联系吧"等改善的具体策略。

如果明确了应该做的事情，人们就会变得想要更加努力。

最坏的情况就是像这样抱着含糊不清的想法工作的人："真的能达成这个月的定额吗？"

顺便一提，孙社长在每一天结束时都会在会上发表这样的宣言。

"好的,这样就能看见了。"

在软银从早开到晚,一天十场以上的会议是家常便饭。会议的最后总说的这句话,好像是在说找到了解决的办法,这也是孙社长所说的"今天我赢了"的宣言吧。

今天将自己应做的工作都做了。将这句话作为一天工作的结束语,我觉得这是为了从明天开始能持续努力而养成的习惯吧。

作为其证据就是即使连续几天开会到深夜,孙社长第二天也会神清气爽地来上班,从早上就开始马力全开地投入工作。

知道每天的胜负。
它可能会给你带来超乎想象的巨大变化。

比起只有一周一次或一个月一次才能看到工作效果的人来说,每天都知道自己工作进展顺利与否的人,其差别是显而易见的。

第 3 章

同时尝试所有可能的方法

高速 PDCA 工作法中的『D』

上一章讲了决定小目标的方法。

这一章我们就来说一下具体该如何实行。

④ 设定一个期限，同时尝试所有的方法；

⑤ 每天检验目标和结果的差异；

⑥ 在检验的基础上每日进行改善。

实行方法与这三点有关。

得到"最优解"最确实的方法

孙社长在"尝试所有的方法"的过程中，态度是很坚决的。一般大家都认为应该去尝试那些有可能成功的事情，而不

第 3 章
同时尝试所有可能的方法（高速 PDCA 工作法中的"D"）

会去尝试好像不大可能成功的事情，或是从业界的常识来考虑做了也是白费力气的事情。

然而，**孙社长是一定要尝试眼前能想到的所有的方法，即使其中一些方法超出了业界的常识，看起来好像没有成功的可能性也要尽力去试一试。**

还是以软银当初开始"Yahoo! BB"服务时的事情为例。

孙社长将代理店的销售员召集起来，说了这样一句话：

"一见到人，就递给他。"

在场的员工都丈二金刚摸不着头脑，大家都不明白到底是什么意思。

然而孙社长是认真的。他一只手拿着红色纸袋，变换着姿势和手势，示范着如何向客户传递宣传单，他用热情的声音一直在不停地讲解。

在商业街和商业大楼以及车站前等地方，租借一块约三平方米的空地，架上太阳伞，就变成了简单的销售点，慢慢在这附近分发宽带装置广告。这种在街头分发宽带装置广告的销售方法被形象地称作"太阳伞"。

现在，其他通信公司也采用了同样的促销手段，但"太阳伞"在当时可以说是完全"不合常理"的销售方法。

正如我在第二章所说过的，当时日本大众对通信业界"无法提供完全稳定的通话质量"习以为常。可以说，那时的日本，大家都默默忍受着这个听上去"不合常理"的业界服务状态。

所以商家们普遍认为，为了取得客户的信任，如果要设置一个销售窗口，就应该像日本最大的移动运营商（译者注：下文简称NTT）那样设立自己公司的专业销售门店。

这是当时的通信企业家回应客户信赖的普遍做法，除此之外的促销和销售方法压根没人考虑过。

本来NTT集团垄断市场就已经很久了，所以它已经没有了积极进行经营改革的理念。

而软银当时所处的小办公室，和卖烤鸡肉串和每日鲜蔬的小摊位差不多大。在这样的办公空间里开展自己的服务，而且还雇用了大量的年轻女性，采用了想要吸引人眼球的各种促销方法，**从业界的常识来看，这简直就是不可能的事情。**

要问孙社长为什么会想到"太阳伞"销售方法，是因为它

第 3 章
同时尝试所有可能的方法（高速 PDCA 工作法中的"D"）

的效果已经在其他的业界得到了证明。

日本卫星广播公司刚开始提供服务的时候，软银承包了宽带装置的销售任务。就在那时，"太阳伞"销售法获得了成功。

那时候只在名古屋地区实施了这种销售方法，经营的商品也不是宽带安装服务。如果是其他的经营者，可能不会想到将这种方法横向展开吧！

但是孙社长**没有放过在名古屋的这个小小的成功，而是考虑"试着在全国范围更大规模地做一下"**。

如果是普通人可能会这么想，"明明连成功的几率有多少都不知道，就去尝试所有的方法，简直就是愚蠢"。

但是孙社长知道，我们都身处无法预知未来变化的时代，这样去尝试才是最终取胜的唯一方法。

软银孙正义的
高速**PDCA**工作法

"同时尝试所有可能性"是最高效能的方法

"同时实行所有的方法"是不可动摇的原则,这是软银和其他公司最大的不同点。

重视这条规则的原因有三个:

① 能用最快的速度战胜对手;

② 能找到最好的方法;

③ 能正确地比较每种方法。

一般的情况,人们会先尝试一种方法,然后检验结果,"因为没有达到预期的效果,就想再用别的方法试试吧",就尝试了别的方法。这次"虽然比最初的方法有效,但也许还有更好的办法",于是又去尝试了另一个方法。

用这样的方法一一进行检验,等到所有的结果都出来的时候,再判断哪种方法最有效果,然后才进入到正式的执行阶段。

第3章
同时尝试所有可能的方法（高速 PDCA 工作法中的"D"）

"同时尝试所有的方法"是最高效能的方法

✗ 一个一个去试的话特别浪费时间

○ 同时尝试所有的方法能在最短时间内获得成功

107

但是这样太浪费时间了。

"太阳伞"销售法花一个月时间检验，打电话销售法再花一个月时间检验，到得出其结果……这样的话，假如要尝试六种方法，就需要花半年时间。

现在是发展迅速下一秒不知会发生什么事的信息时代，如果那样做的话，一定会错失良机。

原本以为是没有竞争对手的市场，却突然发现刚创业的风险投资公司也开始提供此类服务，连外资企业也加入了进来。

突然出现的竞争对手推出了非常有竞争力的压倒性的有效服务，行业第一的宝座将会被夺走。即使随后仓促加入进去，也只能是第二名以后的位置了。

为了不让那种令人惋惜的结果出现，**尝试将想到的方法全部同步实行，并且同时检验其结果，是很有必要的。**

这样即使是同时尝试六种方法的情况，一个月后也就能得出大致的所有结果。

因为能清楚地知道六种方法中哪个是成功的，哪个是失败的，所以就能很快找到最有效的方法。全力以赴按照这个方

第3章
同时尝试所有可能的方法（高速 PDCA 工作法中的"D"）

法去实行，能以最快的速度达成目标。

在同一时期尝试所有的方法，对检验结果是否准确是很重要的。在相同条件下去比较事物才更有可信度，这是应该遵守的原则。

如果春天尝试"太阳伞"的方案，夏天尝试上门销售，秋天尝试电话销售，以这样的方式来实行会怎么样呢？

"'太阳伞'的方案很顺利，因为春天气候温和，外出的人可能会很多。"

"夏天上门销售不会顺利的，因为天气很热，销售员的效率和积极性较低。"

像这样，只要加入气候这个变动的因素，就无法客观地对结果进行检验。

此外，还要考虑到不同时期，面临的社会经济和股市，还有政治环境等都有可能发生变化，营商的外部环境也会随之发生改变。

对于试验结果的检验，如果不是放在同一时间段去做，那将毫无意义。

"最优解",即使是电脑在操作,不尝试也是无法知道的

大家知道关于"巡回推销员的数学问题"吧。

"销售员从某个城市出发,沿途需要访问多个城市,请帮他寻找到路程最短的路线,回到出发地。"

这个问题如果从数学的角度来看,可以设想的途径太多了,使用计算机也很难求出完美的最优解。

实际上,有个很简单就能接近正解的方法。

首先,选一条去所有城市的路,就算随便选的也可以。接着,通过电脑计算结果,找出比这条路路程更短的路,很快就能找出离正确答案最近的那条路。

第3章
同时尝试所有可能的方法（高速PDCA工作法中的"D"）

此刻我要说的有两点。

一点是，要在所有的可能项中找出最好的那个答案，这连电脑也很难办到。

另一点就是，如果你从零开始寻找正确答案，遇到困难时可以换个思路：先暂且做一个假设的答案，再试着去寻找比这个假设更好的答案，这就是在最短时间内得到最优解答的唯一方法。

在商业世界里发生的事情，比"巡回推销员问题"的设定要复杂得多。

市场环境和顾客需求、竞争者的动向等各种各样的因素交织在一起，总是持续变化的。

到底哪个才是正确的答案，没有人从一开始就能一眼看穿，就连被称为天才营销家的孙社长也没有洞悉未来的能力。

正因如此，才要试着将能想到的方法全部实行，一点点地向更好的方向改善，也许一次次的选择就能逐步靠近正确答案了。

乍一看好像绕远路了，其实这才是最快到达终点的捷径。

成为他人的榜样，超越自我

下定决心，同时尝试所有的方法。

虽然脑子里明白这是成功的捷径，但是可能还是有很多谨慎保守的人，迟迟下不了决心。

"即使那样做，也不一定会很顺利吧。"

像这样喜欢消极思考的人，没有及时改变工作推进方式，缺乏勇气的人，也大有人在。

为了打破这种思维障碍，我给大家推荐一个方法。

那就是**立志成为别人的榜样**。

大家都有自己崇拜、尊敬，不由得就觉得了不起的人吧。想成为那样的榜样，我们可以先假装自己是那个人，试着想一下"如果你就是那个人的话，会怎么去思考"。

第3章
同时尝试所有可能的方法（高速 PDCA 工作法中的"D"）

我的榜样当然是孙社长。因此，当"像那样的事做了也白做"这样消极的想法掠过的时候，想象一下："如果是孙社长的话，会怎样思考呢？"

这样做的效果是立竿见影的。

虽然我现在和孙社长一样成为了企业经营者，但是如果以我三木雄信的立场来思考的话，我就会想说出这些消极的借口，如"筹措这么多资金是不可能的""我们公司还没有这么高的知名度"等等。

但是，**"如果是孙社长的话，他会怎么做呢？"在我这样想的瞬间，想法一下子就变了。**

"如果是孙社长的话，会怎么和金融机构进行交涉呢？"

"如果是孙社长的话，反而会因公司规模不大而果断推进策略的实施吧！"

积极的想法一个接一个浮现在我的脑海中。

如果把自己想象成自己的榜样再思考，就能去除束缚我们的那些消极想法。大家对此也颇有同感吧。

有幸，我身边恰好有一位具有罕见领导魅力的企业家，**但其实把谁当榜样去参照都是可以的。**

113

读了其著作后令你感动的企业家也可以是你的榜样，历史上的著名人物也可以是你的榜样。

重要的**不是"把谁当成榜样"，而是你"能否决心成为自己以外的人物"**。

大家都知道伊内丝·丽格伦这位女性吧。

她原本是法国的实业家，她在日本一举成名是因为她帮助日本人在"环球小姐"世界大赛中一次又一次地拿到奖杯。

在伊内丝的指导下，知花仓女士获得了世界"环球小姐"大赛的第二名，森理世女士获得世界"环球小姐"第一名。她的培养方法引起了大家的关注。

伊内丝曾说，日本人没能在世界大赛上获奖都是因为其民族本身自带的害羞性格。

羞于展示自己，在舞台上不能大大方方地摆姿势，这是日本人的弱点。

因此，伊内丝给出了建议：

"请成为自己崇拜的人。"

如果自己也能成为超模的话，就能和崇拜的人一样自信满

第 3 章
同时尝试所有可能的方法（高速 PDCA 工作法中的"D"）

满地摆姿势了。

在扮演别人的时候，人就能突破自我的局限。

要舍弃迄今为止的"常识"和迄今为止的"自己"，成为自己理想中的榜样。

这是对谁都可行的，且很快就能见效的"突破自身的方法"。

软银孙正义的
高速**PDCA**工作法

"同时尝试所有可能性"的三个诀窍

在一般的公司里想要做与众不同的事情并不容易。

但是,像孙社长那样的企业家也好,在公司里工作的员工也好,做的事情基本是相同的。要在个人工作中"尝试所有可能性"是有一些诀窍的。

① 决定期限,将所有可能的方法一同尝试;
② 如果找到了最有效的方法,稍后专心去实行它;
③ 要做好心理准备,在最初的一段时间内是不会有成果的,甚至还会产生负面影响。

在意识到这几点的基础上,无论是站在哪个立场的人,都是有可能做到"将所有可能的方法一同实行,并取得巨大的

第 3 章
同时尝试所有可能的方法（高速 PDCA 工作法中的"D"）

成果"的。

特别是"要做好心理准备，在最初的一段时间内是不会有成果的，甚至会产生负面影响"，这点对在公司工作的人来说非常重要。如果不事先向上司和周围的人提醒这个可能性，那么一旦被认定为"失败"就会被中途叫停。

孙社长是企业家所以能够通过自己的判断得知亏损，但是作为公司职员，无论做什么事都必须先征得上司的同意。这点必须注意。

例如，你被安排做新商品的宣传活动。

虽然公司给的预算有限，但你想尽可能多地尝试几种宣传方法。这个时候，你要怎样试着向上司提出那个建议呢？

"新商品宣传我想要尝试A、B、C三个宣传方案，在半年内选出最有效的方案。最初的半年预计会使用年度总预算的七成，之后由于成本可以控制，所以宣传费用的总额还是可以控制在预算内的。"

像这样，说明**"前期要花掉大量的成本，后期会降到现有水平以下"** 就好了。一开始就将失败的可能性纳入规划的提案。

　如果前期没有将成本会增加的事情加进提案，之后就会被上司斥责："为什么一下花了这么多钱呢，你的提案是不是已经失败了？"但是如果你事先声明了，前期的"失败"也就不被认为是失败了。

　总之，**"不能让上司认为失败就是失败"**，通过以上方式是可以做到的。

　上司如果觉得"并没有失败"就会放心了。上司越是对风险敏感，部下就越有必要尽量将提案的风险降到最低。

　只要谨遵三个诀窍，就算是没有头衔的年轻职员也可以尽可能地大胆尝试。

第 3 章
同时尝试所有可能的方法（高速 PDCA 工作法中的 "D"）

创意是在实际行动中产生的

在"将所有可能的方法一同尝试"的基础上，怎样才能更有创意呢？

就用第二章山田君的案例再来试着思考一下。

打电话的时候，考虑一下这几种展开谈话的方法。

①开门见山地问对方有没有搬迁办公室的计划。

②试着从对方对现有办公环境的不满开始。

③从确认现在办公室搬迁的时间以及公司人数的变动等情况开始。

④试着从询问对方的工作情况开始。

这就是最开始想到的所有方法了。这样完全没关系。

稍后，在循环高速PDCA工作法的实践过程中加入学习到的东西就好了。

在实行**最开始想到的所有方法**的过程中，一定会想到新的方法。

试着给打不通电话的负责人，用传真发送房子的相关信息，邮送自己公司的宣传册。并且试着在空闲时间给他打电话，而不是坐等对方打电话过来。

试着根据公司的规模和负责人的年龄变换不同的预约方法。这很重要。

尝试过各种各样的方法后，哪个失败，哪个成功，一目了然。在这过程当中，就会产生"下次如果这样做是不是会更好"的思考。

但是，要注意一点。

虽然可以同时尝试所有可能性是值得高兴的，但是，相应要付出的劳动量也会增加。不仅是个人，团队也是如此。因为能用的资源是有限的，所以一直不停地去实践，再分析得出"这是不行的"结论，是不可行的。

第 3 章
同时尝试所有可能的方法（高速 PDCA 工作法中的"D"）

为什么在软银创意会如此丰富呢？

以"同时尝试所有的方法"为前提，就必须要尽可能地想出更多的方法。

即使是想要尝试所有的方法，但如果眼前的方法只有一两个，就和一个个地去尝试没什么两样了。

为了想出好的方法，除了"自己一个人思考"，"和其他人一起思考"也是很有效的。

孙社长遇到困难和难题时，就很重视从别人那里得到启发。

然而，有很多人并不擅长将自己的想法说出口。

请试着回想一下，你是否有过在公司会议和大型集会上总是提不出意见，甚至不能将讨论进行下去的经历。

我认为造成这种情况的原因是，会议的参加者们"不想把自己不好表达的意见说出来，也不想承担说出来后会带来的风险"。

当被要求"请说出你对促销宣传活动的建议"时，如果自己提出的想法进展不顺利的话，就会被追究责任。许多人对此感到恐惧担忧，变得不能勇敢地开口说出自己的想法。

对于这种情况，其实也有能让人轻松发言的方法。

"什么都好，荒诞的想法呀，甚至是很垃圾的想法也行，总之希望大家给出尽可能多的想法！"

孙社长在开始一项新的项目之前，经常用这种方法来收集大家的想法。

在软银内部，说出最草率、荒诞不经想法的人总是处于最高层的孙社长。

如果是平时，我们会觉得"这样做的话肯定会有人抱怨的"，"这样做肯定是行不通的"，导致我们无论如何也开不了口。但我们要的不是周密而漂亮的商业计划，而是像粗糙的石子一样突然朝我们飞来的想法。

类似"一见到人，就给他"这样的想法，真的只能用草率来形容了。**但如果是组织的最高领导率先做出草率发言，可能**

第3章
同时尝试所有可能的方法（高速 PDCA 工作法中的"D"）

反而会有很好的带头示范效果。

这样**大家都会觉得不用为此承担风险了。**

"虽然有想法，但是成功率好像很低……"在考虑到这种可能而犹豫着要不要发言的时候，领导先开口说："在街上不停地发给遇见的人，这样如何？"

其他的人会考虑"不行不行，比起'一见到人，就给他'会有更好的方案吧"。并且更容易得出像"因此，委托给专业的人员，进行电话销售"，"如果我们和家电商城合作，扩大渠道的话"这样的建议。

领导敢于提出草率的想法，实际上是把员工们应该承担的风险降到了零。

据说我们公司担任涉外董事的风险投资企业社长，在会议上也会特意提出很多看似糟糕的意见。他给这种做法起名为"麦当劳"。

这个社长说，他身边的人们连"今天的午饭去哪里吃"这样的问题，都有所顾忌不能说出自己的意见。

因此，社长故意说："那就去麦当劳吧！"这时周围才开始骚动。接着好像才有人提出"前几天去吃的意大利菜很好

123

吃"这样的意见。

根据社长的发言，其他的人会产生"不管怎样都是比麦当劳更好的选择"这样的自信，从而敢于发言。

在团队工作中，当周围的人都惧怕风险不能行动之时，使用"麦当劳"方法是很有效果的。例如，你虽然不是领导或负责人，但如果有人提出意见，就会有某种评判标准。并且，其他的人也会更轻易地将"我觉得比这个要好"的意见说出口。

这样就可以尝试更多的方法，从而取得更多的成功经验。

第3章
同时尝试所有可能的方法（高速 PDCA 工作法中的 "D"）

只需要考虑"战胜今天"的方法并付诸实践

需要尝试的方法都备齐了，接下来就进入实践的阶段了。

我会一边介绍第二章提到的山田君推进工作的情况，一边为大家说明实践的方法。

我对山田君提出了这样的要求，既然定下了"一天和三个人交谈十分钟以上"这个目标，那就需要将每日的结果用表格记录下来，并在表格上设定以下三个项目：

① 每天的目标；
② 每天的结果；
③ 胜负。

每天的记录方法

每天的胜负表

星期	星期一	星期二	星期三	星期四	星期五
每天的目标	3	3	3	3	3
每天的结果	0	0	1	0	3
胜负	×	×	×	×	○

只写○×就好了

电话名册

时间	5/13 14:00	5/13 14:30	5/13 16:00
公司名称	A建筑	B商业	C网络
人名	田中	加藤	佐藤
职位	总务部长	营业部长	营业部员
性别	男性	男性	女性
通话时长	5分钟	5分钟	1分20秒
笔记	正在找离市中心交通更便利的地方	办事处太大了，在找稍微小一点的地方	刚刚搬过办公室，业绩正在扩张中，一两年内可能会换

第 3 章
同时尝试所有可能的方法（高速 PDCA 工作法中的"D"）

在最上面一栏写下目标：三人；在它下面填入每天的结果"一人"、"两人"或"三人"；在最下面一栏设置了表示胜负的"○×"（见下图）。

我要求他：**"一定要分析每天胜或负的原因。"**

为了做到这一点，我建议他把每天和所有人通话的时间、属性、时间段等详细情况记录下来，以回顾自己每天的行动。

我给山田君这样的建议是有充分理由的。

他来我这里咨询并恳求施于援手，但我并不能24小时都陪着他，随时给他建议。于是我把"一个人也能战斗的武器"传授给了他。

为了思考达成目标的方法，需要把每天的工作情况详细地记录下来。

但是山田君到现在为止都没有作记录，只凭感觉做预约。不管过了多久，即使偶有预约，但像他这样的方法是不能很有把握地取得预约的，这是显而易见的。因此不能达成大目标。

山田君希望我能教给他切实达成目标的方法。

127

为此很重要的是要详细记录每天的工作情况。

山田君把我教授的方法付诸实践的结果是，从"如果对方愿意与自己谈话就会觉得很幸运"变成了绞尽脑汁地思考"该如何说10分钟"。

并且，山田君在记录自己的谈话内容和时间的过程中发现了一些规律：一开始就介绍房子的话，电话很快会被挂断；如果问对现在的办公室有什么不满，能聊得长一点；比起上午，下午的四点前后电话是最容易打通的。

开始分析电话名册时，他注意到了以下规律：

和IT风险投资公司负责人交谈十分钟以上的几率很高；一千人规模的公司比五千人规模的公司交谈十分钟以上的几率要高。

根据以上实践得出的规律，山田君设立假设：优先打给有交谈十分钟以上可能性的号码。山田君就这样每天一边反复试验一边不断地提高胜率。

在明确每天胜负标准的基础上，能得到"自己做的是否正确"的反馈，"为了获胜应该做什么"也一目了然。

第3章
同时尝试所有可能的方法（高速 PDCA 工作法中的"D"）

只是记录每天的工作，就能**明白**自己现在在做什么，要如何做才能提高胜率等。**明确"自己的位置"和"工作的进行方法"，这就是记录的力量。**

记录结果可以使目标值合理化

一旦"一天能交谈十分钟"的对象增多了,预约的数量也会自然而然地增加。于是,记录的东西也会不断地增加。"实际能会面的有多少人","其中,和公司内部相互签订协定的有几人","打电话交谈后能见面,之后成功签合同的有几人",像这样的记录就能看出其中的关联性。

一天和三个人交谈十分钟,一个月工作22天,就是66个人。其中,实际来赴约的约四成,也就是25人;和公司内部相互签订协定的占10%,也就是6人;成功签合同的占5%,也就是3个人。

持续记录三个月左右,每月的比例基本就不会变动了。

这样就能证明为了达成"一个月签定三份合同"的最终目

第 3 章
同时尝试所有可能的方法（高速 PDCA 工作法中的"D"）

标,"一天和三个人进行十分钟以上的交谈",这个每日目标的设定就是正确的。

同时,也能看到每个进程的截止日期。

如果从内部确认见面到签约,平均需要10天,那么每个月的20天里,内部确认的客户没有积累到6人以上的话,到月底就无法签下3份合同。

如果从最开始和负责人见面到公司和公司内部相互签订协定,平均花费一周时间,那么到每个月的13号为止,实际会面的人数不能积累到10人以上的话,到月底也就无法取得3份合同。

虽然最开始只有"一天和3个人交谈十分钟以上"这样的一个中间目标值,但在实践过程中,也会加入"到每个月13号和10个以上的人会面","到每个月20号为止,带6个以上的人进行参观"这样的新目标,**达成最终目标的道路也会变得更加明确。**

根据目标任务表,即使是还在没有取得合同的前半个月,也能得出"这个月已经和10个以上的人见过面了,肯定能达成3

份合同的目标"的结论。

不再有不到月末就不知道能否达成月目标，整日提心吊胆地度过每一天的情况了。

半年后山田君再次拜访我时，整个人看起来精神焕发，颇有神采。

"我现在能达成每个月的目标，工作也变得愉快起来了。"

他说话的样子和上次相比就像变了个人，充满了自信，生气勃勃。

第 3 章
同时尝试所有可能的方法（高速 PDCA 工作法中的"D"）

无法得出结果的人，是看不到"自己的工作"的人

"上个月还不行，为什么这个月如此顺利呢？"

"今天的协商，出乎意料地顺利啊！"

只能这样思考的人是看不到自己的工作的。看得见工作的人能有条理地说明自己行动的结果。那是因为可视化了自己的工作。

如今，日本的企业大都在使用PDCA工作法对工作进行可视化。

也就是说PDCA工作法是制造商为了顺利地进行品质管理而创造的工作方法。

因为制造商制造的是"物品"，所以工作的流程和品质的

标准是很明确的。

如果是制造汽车的话，以钢板的冲压为代表，焊接、涂层、压模、组装、质检和工序（流程）都分得很清楚。而且在冲压、焊接的工序中，每个零件和材料都有详细的分工。

如果决定了"在这个工厂里一个月生产一万台车"这样的大目标，从工序的数量和工作的时间反过来推算，就能简单地分割成"一天冲压1000件钢板""一天压模4000台"这样一个个具体的小目标。

下一步就能详细地制定各道工序的质量标准。

"在180度的温度下加热30分钟也不变质的话就是合格品，变质的话就是残次品"。依据这样的划分，可以制定"在一天的产品中，残次品不超过3%"的目标值。

像这样，**在工厂工作的全体员工，能通过数值清晰地把握自己每天应该生产的产品的数量和质量**。这样一来，每个人都能知道"自己今天是赢了还是输了"。因此，每天都能努力取得实际的成果。

然而，像服务这类没有实体的东西我们该用什么标准去衡量呢？或者说，那些从事新的商务工作和创造新的业务形式的人又该怎么做呢？该努力到什么程度才好呢？应该向哪个方向努力才好呢？

因为没有像手工业那样明确的流程和明确的质量标准，想在工作中运转"PDCA工作法"都不可能。要想摆脱这个问题，就需要靠我们自己划分工作流程，定义工作品质的标准。

第 4 章

用数字进行严密地检验

高速 PDCA 工作法中的「C」

到目前为止，我已经向大家说明了在实际工作中运转高速PDCA的方法。

在这一章，我想为大家介绍在改善PDCA工作法的过程中，如何使用数字进行验证。

如果能够通过数字验证事物，高速PDCA工作法就会更加精准地向成果转化。

首先，使用数字进行检验是怎么一回事呢？我要借用孙社长的观点来谈。

"看不懂数字的人"该怎么做？

"不能用数字说话的人请离开！"

如果用一句话来表达孙社长对职员们的要求，就是这样

第4章
用数字进行严密地检验（高速 PDCA 工作法中的"C"）

一句。

不管是什么样的报告和商谈，不能基于数字做出说明的人是不称职的。

今天的营业额和利润为什么是这个数，理由和原因是什么？接下来要怎么做？预计会有百分之几的数值能得到改善呢？

如果所有的一切都不能用数字表达出来，就会被告知"从下次开始你不用来了"，而且很快就会被辞退。

所有企业家都很重视数字，孙社长对此也格外执着。而且他本人也特别擅长数字。

员工花了好几天整理的复杂资料，社长一眼就能看出"这个数字很奇怪"，并准确地指出其错误，为此员工们都如履薄冰。

在软银内部，所有的数字资料是全员共享的。

我认为在很多公司，管理层在董事会上看到的资料和普通员工在会议上看到的资料是完全不同的。在理事会上，会显示与所有经营相关的数字，传达给普通员工的则只是与各自负责的部门或业务内容相关的数字。

但是在软银，孙社长看到的数字和现场的员工们看到的数字基本是一致的。

与此相对应的是，全体员工都要了解这些数字，必须用数字去改善自己所做的工作。从一开始在软银工作，就不要用"自己不擅长数字和计算……"等借口来为自己开脱了。

为了在工作上做出成果，只有日复一日地坚持训练，才能不断地磨炼自己对数字的感觉！

"用原力来理解这些数字！"

原力是《星球大战》中绝地骑士所使用的特殊能力。

话虽如此，孙社长只不过是开个玩笑而已。他擅长数字化管理当然不是因为有特殊的能力。

常常有意识地感知数字，分析其中的意义和背景，设想下一个数字。

因为这样日复一日地反复练习，**才最终掌握了理解数字的关键。**

老手做的寿司，每一个寿司的大米分量都是差不多的，就

第 4 章
用数字进行严密地检验（高速 PDCA 工作法中的"C"）

算有差别也只是一两粒米的程度。如果一个人专注于做一件事情，就能掌握正确的感官判断了。孙社长高水平地实践着这种能力锻炼。其结果就是，被磨炼的数字感知力可以通过原力表现出来了！

软银孙正义的
高速**PDCA**工作法

运用数字飞速提升顾客满意度的技巧

在序章里我说过,即使是做同样的事情,不同的人去做,其结果可能会产生"3倍的差距"。

我能如此断言,是因为我在软银工作时,曾通过数字详细分析了部下和项目成员的工作情况。

我在"Yahoo! BB"的客户服务中心做负责人时,为了检查话务员的工作情况,提高顾客的满意度,使用了数字衡量标准。

最开始时,我对话务员的指导工作也是毫无头绪。

因为客户打来投诉电话说"话务员的态度不好",我便去了解情况,而这位话务员解释说,"对方是个有些奇怪的人,在我们对话之前他就已经生气了"。

总而言之,话务员是想说"并不是自己不好,只是偶然碰

第4章
用数字进行严密地检验（高速 PDCA 工作法中的"C"）

上了这种情况"。

对这样说的话务员，即使是对她说了"请改善一下你的说话方式"，对方也是听不进去的。即使一件一件地促使其去改善，也会被"那是个例外"的说法给对付过去。

话务员的工作，原本就会因为客户的不同要求而评价不同，存在着难以评价其好坏的问题。

虽然为了使通话应对能保持一定的品质，基本的对答和说话方式等已被手册化，但是并不是话务员按手册指南去做就能让所有客户都满意的。

比如，对于打来电话说"调制解调器出了故障，希望更换"的客人，如果按照"请拔掉电源适配器，确认电源是否开启"的手册指南来应对，对方也有可能会生气的。

这样的人通常已经试着通过网络和书籍查找对应的解决办法了，试过了依然还是行不通，才想着"果然是出故障了，所以只能打电话申请调换了"，于是才拨打了电话。因此，如果再被指示做他已做过的处理方法，客户生气也是理所当然的事情。

另一方面，也有的客户只需要按手册去应对就能感到满

143

意。因此，创造合适的一视同仁的评价基准是很难的。

但是，如果就这样不改变的话，呼叫中心的客户满意度不管到什么时候都不会得到提升。

于是我就想到"如果是这样的话，可以向每一位顾客询问操作员的工作质量是否良好"的评价方法。

并且，对与呼叫中心联系过的所有客户，制作了用邮件发送问卷调查的实施方案。

"谢谢您的咨询。话务员的服务如何呀？请用5星来评价您的满意度。"

发送了这样的邮件，用一颗星到五颗星的数字级别来测定话务员的待客质量，计算出每个话务员的评价级别的平均值，如"你昨天的评价是3.8分"，并且每天在公司的个人业绩公告栏里向员工公布出来。

通过客观的数值显示之后，所有的话务员都开始思考这一紧迫的问题："该如何提高自己的评价分数呢？"

正如前面说的那样，因为顾客的不同其需求也不同，所以只有实际接待的话务员本人想办法才有效。

由此，呼叫中心的整体顾客满意度也提高了。

第4章
用数字进行严密地检验（高速 PDCA 工作法中的"C"）

　　从顾客那里反馈回来的问卷调查，每月也上升到了几百份。展示以这些参数为依据所得出的数值，话务员们就不能再辩解说"投诉只不过是碰巧罢了"。

　　人想要改善自己的行动，是在理解了"如果我继续这样下去，什么事情都会干不好"的时候。

　　并且，为了顾客对自己能有客观的评价，没有什么是比数字更合适的了。

　　只有用数字把握现状，认识到与目标值的差异，人才能朝着改善的方向努力工作。

软银孙正义的
高速**PDCA**工作法

分析原因和结果的"多变量解析"

在高速PDCA的运行中,具体该如何处理数值呢?

有三个使用数字的场景:第一个是目标设定,第二个是验证,第三个是过程的可视化。

如果把这三个场景全部用数字管理起来,以高速PDCA工作法惊人的速度反复运行,就一定能得到确实的结果。

关于第一个目标的设定,已经说过了。关于第二个验证,第三个进程的可视化,有以下两个技巧:

① 多变量解析;
② T字账目。

可能这些说法听起来比较陌生,不过,在实际使用中只要

第4章
用数字进行严密地检验（高速 PDCA 工作法中的"C"）

有一页Excel就能很容易地实现了。

首先，从"多变量解析"开始谈起。

多变量解析，是"从多个变量中查明其关联性的统计方法"。

最为典型的案例就是分析冰淇淋的销售事例。

影响冰淇淋销量的主要原因，有很多都是可以纳入考虑范围的。如商品的价格和种类、每个的份量、当天的气温和湿度、月份或者星期、那个区域的流动量等，销售数量随不同变量而变化。

例如，在某家便利店，气温的变化对冰淇淋的销售额产生了这样的影响：

"气温超过22度的话，每上升1度，冰淇淋的销售数量就会翻倍。但是，气温超过30度的话，冰淇淋的销售额会减半，刨冰的销售额会增加3成。"

像这样，了解每个因素是如何联系在一起的，就是多变量解析。

当我们专注于开拓"Yahoo! BB"的新客户时，孙社长下达了使用多变量解析彻底分析数字的指示。

"根据场所不同销售额会有多少差别呢？"

147

"晴天、阴天、雨天，销售额会有多少不同呢？"

"新人兼职和有经验的员工，销售额有多少差别呢？"

"工作日和休息日销售额有多大不同呢？"

像这样，对所有变量进行分析。

具体的分析需使用Excel。为了在这里简单地说明，我用单回归分析法进行表述。

例如，设想在一家手机的经销店，让我们看一看某个手机经销店一天的流动顾客数和订单获得件数的关系。

首先，用Excel创建图表。在图表中输入数字，然后从图表中选择散布图的选项。

于是，我们把一天的流动人数和订单获得件数的关系做成了图表。

接下来按图表工具的"布局"→"近似曲线"→"线形近似曲线"顺序单击。这项工作所画的线条，表示一天内流动人数和订单获得件数的关系的单回归数分析直线。

然后检查此直线是否表示正确的数字。

检验的操作方法是，首先双击刚才形成的那条近似曲线，于是，近似曲线的格式设定的画面就会弹出，在"近似曲线的

第4章
用数字进行严密地检验（高速 PDCA 工作法中的"C"）

用Excel做多变量分析

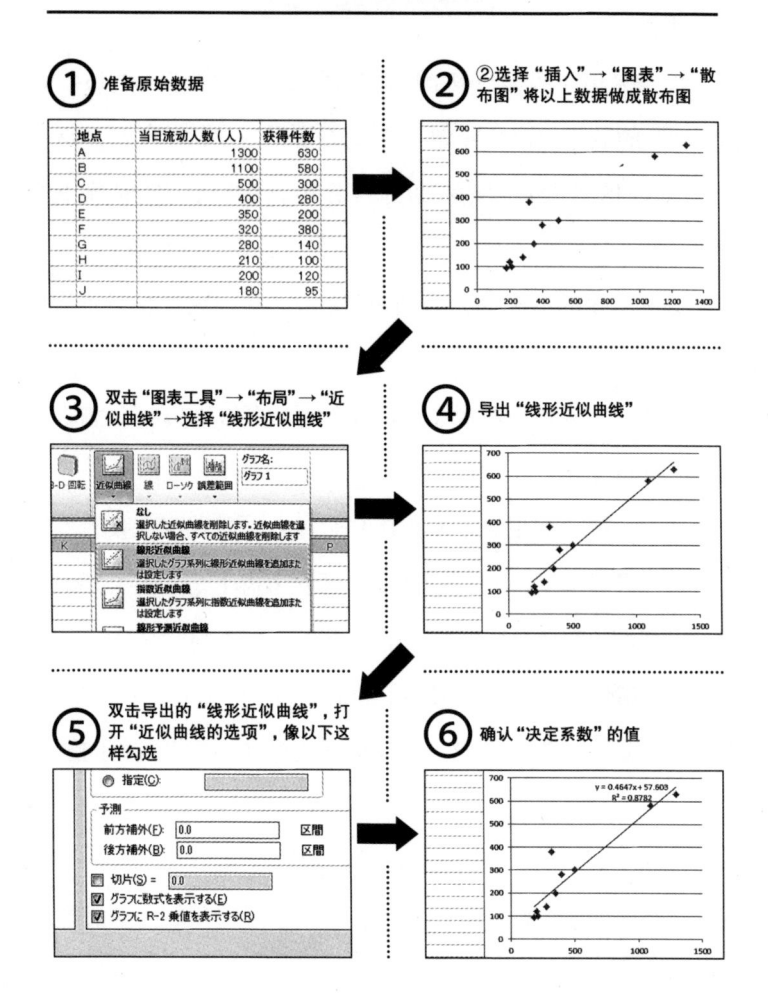

① 准备原始数据

地点	当日流动人数（人）	获得件数
A	1300	630
B	1100	580
C	500	300
D	400	280
E	350	200
F	320	380
G	280	140
H	210	100
I	200	120
J	180	95

② ②选择"插入"→"图表"→"散布图"将以上数据做成散布图

③ 双击"图表工具"→"布局"→"近似曲线"→选择"线形近似曲线"

④ 导出"线形近似曲线"

⑤ 双击导出的"线形近似曲线"，打开"近似曲线的选项"，像以下这样勾选

⑥ 确认"决定系数"的值

$y = 0.4647x + 57.603$
$R^2 = 0.8782$

149

选项"中勾选"显示图表的算术公式"和"显示图表的R-2乘值"来检查。

R-2乘值，就是一次函数的直线表示符合"y=0.4647x+57.603"的数值，这个叫做"决定系数"。可以认为，这个决定系数越接近1，实际越符合分布，0.5以上的话精度就很高。

这次测定的情况因为其结果是0.87，可以说是相当可靠的回归分析。

这样回归分析就完成了，很简单吧！多亏了Excel，省去了麻烦的计算工作。

顺带一提，如果决定系数在0.5以下，可能与自己设想到的其他影响要素有关。这种情况下，试着考虑下是否还有其他要素，再用别的数值重新计算一下。

如果能使用这种多变量解析的话，会有什么变化吗？

无论是谁，都能引导自己向更好的方向去思考改善的解决方法。

例如，某销售店的销售额比平时差的情况。

"今天的销售额还差得远呢，可能是天气不好的缘故吧。

第 4 章
用数字进行严密地检验（高速 PDCA 工作法中的"C"）

不，今天兼职的人请假了，可能就是因为这个原因。不，不，好像是邻街有活动，所以也许那边人流量很大。"

店长虽然想了那么多，但确切的原因还是不知道。所以当然也就不知道数字背后的原因了。

想要改变现状，于是采取了改进措施：考虑到"最近兼职的人员经常请假，那就招聘新人吧"。虽然实行了改善策略，但是销售额却再次下降了。

那么，试着用多变量解析分析相同事例。

"新人兼职和有经验的员工，销售额有多少差别呢？"

通过测定这个结果，知道了下面的事实：

"录用后一个月内的新人兼职人数超过30%，一天的销售额将下降20%。"

这样就明确地知道了"销售员的经验"的变量和一日销售额的关联性。

如果了解这一关系，就能知道下一步该怎么做了。

没错，减少新人的比例就可以了。刚才店长思考的"招聘新人吧"，是多么不切实际的改善措施！

"为了减少新人的比例，必须让他们长时间工作。怎样才能降低离职率呢？"

到这里，接下来是如何改善的阶段。

要不要让新人的研修更加充实，要不要指定一些专门的老员工来指导兼职的新人呢？

或者向公司提议，设立在新人遇到困难时能咨询的电话窗口……

这样的改善方法应该会一个接一个地浮现在脑海里。

根据逻辑来寻找改善对策，乍一看可能觉得很难，但那是因为没有运用数字来管理事物。

如果运用数字来管理，谁都可以找到正确的改进方法。

软银的干部，被孙社长指示要学习多变量分析。

我为此做了一些研究，也听过专家的讲座。现在，我们开展面向普通员工的研究，建议每个人都学习一下多变量分析。

第4章
用数字进行严密地检验（高速 PDCA 工作法中的"C"）

过程可视化的"T字账目"

我们来看看第二个"T字账目"。

在高速PDCA中，为了实现大的目标，就要先制定小的目标，通过改善这些小目标，达到实现大目标的目的，小的目标有时只是达成大目标的过程之一。

就山田君的情况来说，"即使达成了一天能和三个人聊十分钟以上"的小目标，可能也签不到三份合同。那是因为决定签合同是否成功的原因可能是说话的人数，也可能是另外的原因。

例如，他可能在内部看房后的会谈时失败了。

工作不顺利的时候，一定会有妨碍业务流程的障碍因素，也就是人们常说的瓶颈。

但是，大部分人都看不见这一点。

在软银，这个瓶颈也需要用数字来显示，使其可视化。

为此使用的是"T字账目"的手法。

这本来是簿记所使用的手法，此手法是用图表的方式简明易懂地显示贷出方和借款方的数字变化明细。

这么说听起来可能很难理解，简而言之就是画一个"T"字形，把"进来的数目"写在左边，把"出去的数目"写在右边，管理现在手头的钱和资产增减的方法。

将"金钱和资产"换成"零部件"或"商品"，可以根据项目进行库存管理。

我独立创业以后，因为曾在软银从事过数项项目管理的工作，所以被国家机关委托担任顾问。

其中之一就是2008年开始参与厚生劳动省养老金记录问题工作委员会的工作。

当时发现约有几千万份养老保险缴纳记录与缴存人数对不上号，还有上千万份缴存记录没有被录入电脑，"消失的养老金"成为大问题，我想很多人都还记忆犹新。

因此，为了让所有养老金的加入者和领取者确认自己的记

第 4 章
用数字进行严密地检验（高速 PDCA 工作法中的"C"）

录，我们决定发送"养老金特别邮件"，让他们填写回答后再寄回。但是，由于现场无法处理大量的文件，确认工作大幅度推迟了。

我来到送文件和管理库存的现场，从全国各地寄回的资料堆积如山，吓得我目瞪口呆。

把所有的数据输入电脑进行处理，将是十分费时费力的工作。

但是，我的任务就是要迅速处理这些遗留问题。

面对堆积如山的文件，我首先需要了解工作流程是哪些地方出了问题，让工作停滞不前的点是什么。

我为了弄清瓶颈而使用了"T字账目"的手法。

把簿记的"金钱和资产"换成"文件"，将"库存"换成了"处理滞后仍然堆积的文件数量"进行管理。

方法很简单。首先准备一张A4的纸，在上面画一个大的T字。

接着，在T的左侧记入"工作开始时文件的在库数量"。若是新的文件送到，左侧记入"今天送达的文件数量"。

早上在库300件，今天文件送到500件，这天的"进来的数量"总计为800件。

T字账目的过程可视化

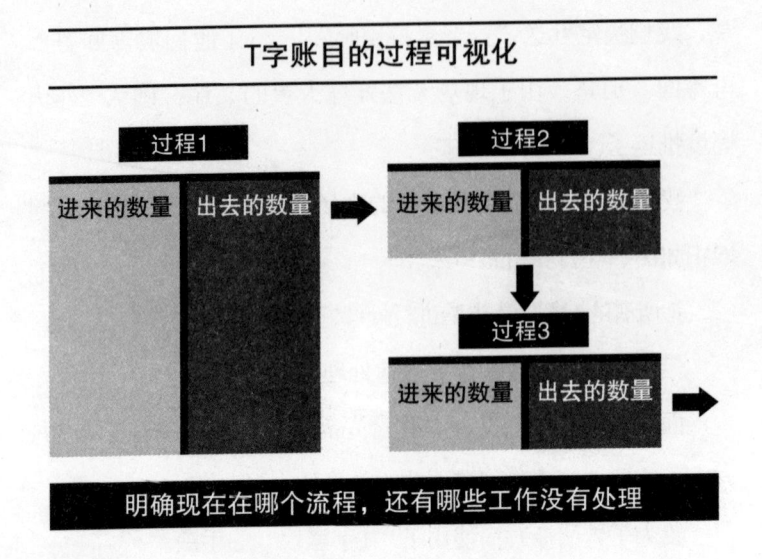

过程1
进来的数量 | 出去的数量

过程2
进来的数量 | 出去的数量

过程3
进来的数量 | 出去的数量

明确现在在哪个流程，还有哪些工作没有处理

在一天工作结束时，把"今日处理完成的文件数量"写在右侧。那个数字是600件的话，那么还剩200件。这里记入"工作结束时文件的在库数量"。

这时，T字账目的左侧合计和右侧合计应该相等。

我按照业务流程，每天用T字账目记录文件的库存数量，确认了各个数字的变化。

流程如下：

第4章
用数字进行严密地检验（高速 PDCA 工作法中的 "C"）

① 打开信封，把必要信息已经全部记入的文件和仍有未记入事项且需要再确认的文件分开存放；

② 将全部事项处理完的文件信息输入电脑；

③ 对于必填项目有遗漏的文件，给当事人再次发送确认遗漏事项的文件；

④ 经再次确认后返回的文件信息输入计算机。

这样一来，就知道哪个程序库存增加了。这是业务流程中工作停滞不前的主要障碍点。

根据流程，通过T字账目掌握每天数字的出入，如果确认了在T字账目中是"需要再确认的文件"，这个流程的库存过多了的话，则采取增加相关工作人员，或加快处理再发送再确认的速度等方法，去改善流程就可以了。

如果这个改善措施能有效减少每日库存，则证明该解决方案是正确的。瓶颈能够被解决的话，整个流程将能够很顺畅地进行下去。

以上的实例就不再做更详细的阐述。通过这种方法，消除了工作瓶颈，总体库存也在稳步下降，我用了大约一年的时

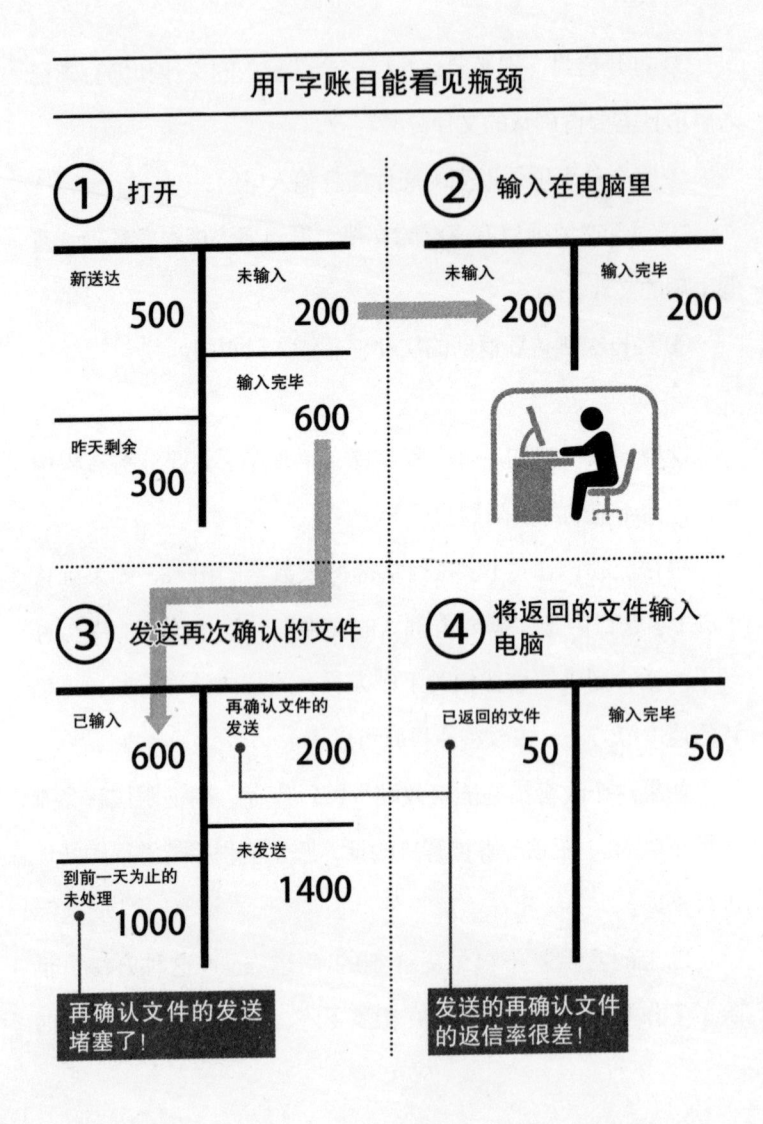

软银孙正义的
高速**PDCA**工作法

用T字账目能看见瓶颈

① 打开

新送达	未输入
500	200

→ 200

未输入	输入完毕
200	200

② 输入在电脑里

昨天剩余	输入完毕
300	600

③ 发送再次确认的文件

已输入	再确认文件的发送
600	200

到前一天为止的未处理	未发送
1000	1400

再确认文件的发送堵塞了！

④ 将返回的文件输入电脑

已返回的文件	输入完毕
50	50

发送的再确认文件的返信率很差！

第4章
用数字进行严密地检验（高速 PDCA 工作法中的"C"）

间，将运营效率成功地又提高了四倍。

如果您只是用"想一下"的方式看待整个事情，那么很难知道解决工作瓶颈的要点是什么。但是，通过逐个划分每一个流程并用数字进行管理，自然而然地你就可以看到解决问题的线索。

软银孙正义的
高速**PDCA**工作法

个人的工作可以用"T字账目"可视化

T字账目也可以应用于个人工作的流程管理。

让我们来谈谈第二章中出现的房地产销售员山田君的工作情况,其工作大致有五个流程:

① 致电潜在客户名单中的公司;
② 与房地产负责人交谈并预约;
③ 访问进行了预约的公司;
④ 引导相关负责人到所介绍的房产处进行实地参观;
⑤ 签订合同。

在T字账目的左侧,输入"当前正在预约的人数"。新的会面也在左侧写为"今日新预约人数"。

第 4 章
用数字进行严密地检验（高速 PDCA 工作法中的"C"）

接着，在工作结束时，在右侧写下"已决定实地参观的人数""拒绝预约的人数"和"保留的人数"（虽然没有取得同意拜访的预约，但对方正在考虑的情况）也都写在右侧。

其中，在山田君的案例中，属于"库存"的是"保留的数量"。

这一点同时也是容易成为工作中潜在瓶颈的一个关键点。尽管对方同意可以去拜访，但没有真正见面，就不知道是否能

个人的工作也可以用T字账目可视化

预约 25人	见面	3人
	拒绝	17人
	保留	10人 ← 如果在这里停滞不前，也许就会出现工作瓶颈！
新预约 5人		

引导相关负责人到所介绍的房产处进行实地参观，或是被拒绝也很有可能。这种"不知道自己是赢家还是输家的暧昧状态"，一直积累下去是危险的。

处在"保留"的状态，就是因为它尚未确定游戏已经输了，所以容易让当事人陷入到工作进展顺利的错觉中。但是也很有可能，如果打开了盖子，所有保留的当事人都有可能会拒绝你。

如果你能马上知道获胜或失败的结果，那么被拒绝后，就可以迅速采取下一步行动。诸如"今天被拒绝的数量如此之多，明天我们将增加预约呼叫的数量"之类的改善措施，在不降低速度的情况下展开高速PDCA工作法。

但是，在对方说出"我要考虑一下，请稍等"的话时，因无法立刻得知对方的真实想法，就无法马上继续进行下一个行动。

不能将带人实际参观房产到签约的过程继续推进下去，无法马上产生结果，或者也无法立马调整改善僵局的情况，这就是所谓的瓶颈。

像这样，用T字账目记录每日的数字并进行管理，以使待

第4章
用数字进行严密地检验（高速 PDCA 工作法中的"C"）

保留的数量不会增加。

"保留"的数量增加，是由于再打一个电话自己就觉得很麻烦，或害怕知道结果等简单的原因造成的。实际上，只要您本人意识到减少保留的重要性，那么减少保留的数量也没有那么难办。

使用T字账目确认自己工作中的"在库"情况，也是促进自己改善行动的有效方法。

第 5 章

提炼最好的方法

高速 PDCA 工作法中的「A」

能够设定大的目标和小的目标。

提出好的创意,并能找到实行所有好创意的方法。

有准确地验证所有实行过的创意的方法。

如果可以获得这三个流程,最后就能找到"最佳方法",并对其进行不断提炼和优化,以得到超出您期望的结果。

⑦ 找出最佳的方法;
⑧ 提炼和优化最佳的方法。

在本章中,我们将讨论这两个问题。

第5章
提炼最好的方法（高速 PDCA 工作法中的"A"）

软银连续四年赤字亏损的原因

"软银一直在快速并且稳定地增长。"

公众可能大都抱有这样的印象。

但是，事实并非如此。

实际上，从2001年到2004年，软银连续四年赤字亏损。此外，整个团队的净利润每年约损失1000亿日元。

自1998年以来，软银的销售额就开始下降。

在此之前，软银主要通过计算机软件的分销业务进行扩张，但由于委托软银进行销售的外资企业加强了他们自身的销售系统，因此该业务模式出现了危机。

2000年互联网泡沫的崩塌，进一步加速了互联网泡沫的破灭。股票价格在日本市值排名居于第二位的软银，一时之间股价急速跌落。

实际上那时的软银正面临创业以来最大的危机。

为了解决这种情况，孙社长把ADSL业务作为其重振旗鼓的重头戏，并选择了"Yahoo！BB"项目。

我想大概就是在那时，孙社长进行了他一生中最大的绝地反击战。

但是，既然是绝地求生，软银就绝对不能输。

那么，孙社长采取了什么策略来赢得这场战争呢？

那就是"我只采用提炼出的最好方法去执行"。

四年赤字是软银快速增长的秘密

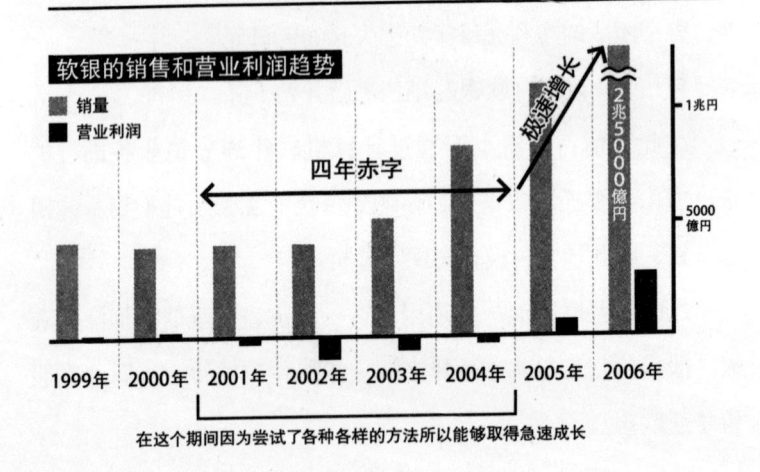

软银的销售和营业利润趋势

- 销量
- 营业利润

四年赤字（1999年—2004年）

极速增长 2005年—2006年（2兆5000亿円，1兆円，5000亿円）

在这个期间因为尝试了各种各样的方法所以能够取得急速成长

第 5 章
提炼最好的方法(高速 PDCA 工作法中的"A")

可以提前决定一个时期,最初即使是赤字亏损也没问题,尝试各种销售方式和渠道。接着,一边尝试所有方法,一边给出验证结果,最后选择最有效的方法,然后只用该方法继续执行下去。

就是这样的方法。

就这样在某个时点,我们能够快速获得转机,我们就取得了超出最初赤字亏损的巨额利润。

接着,自2005财年度以来,连续四年赤字亏损的软银,开始恢复盈利了。

总之,从2001财年度到2004财年度,持续的赤字亏损是孙社长的战略,这是从一开始就在预期之内的事。

因为如果一家上市公司连续五年出现亏损,它将被除牌。

因此,在第五年,必须盈利。但是,在过去的四年中,我们在基于赤字的假设中尝试所有方法,并转向可以在2005财年及时可靠地产生利润的"最佳实践方法"。

计算到这一点,这是最后一刻的挑战。从外部看,问题似乎仅仅是业绩增长很慢,但在此之后,软银对其进行了彻底验证。

软银孙正义的
高速PDCA工作法

用"最好的方法"超过日本最大的移动运营商公司

要找到"最佳方法",拥有的样本越多越好。

因此,使用高速PDCA工作法,请尽可能尝试。

毫无疑问,100个方法中"最佳"的级别比10个方法中"最佳"的级别更高。

如果尝试的方法增加到1000个或10000个,尝试的方法越多,它就越有可能成为一种"获胜的方法",被判定为"最有效的方法"的可能性就越大。

如果有勇气尝试更大规模的测试,找到一种能"获胜的方法"的概率当然就更高。

孙社长深谙其道,因此,我们花费了几乎到赤字亏损程度的成本,去尝试了几乎所有的方法。也许有人会想,"是不是

第 5 章
提炼最好的方法（高速 PDCA 工作法中的 "A"）

也可以在不出现亏损的范围内尽可能多地尝试呢？"

但是，如果只是小的尝试，那么您得到的也将只是很小的结果，能预见到的增长也只是很小的幅度。

"在第五年实现盈利"，对于孙社长而言，那最多也只是一个中期目标。

在那之后，还有"赶超NTT，成为电信行业第一名"这个最大的目标。

为了取得更大的成绩，就需要进行更大的挑战。

孙社长知道这一点，因此他有勇气让公司赤字亏损。他不只是尝试了一两家代理商，而是尝试了数十家代理商。若非实际尝试，否则很难知道哪家代理商能做出最有效的结果。

"太阳伞"销售法的部署地点和区域，也是通常的促销活动所无法想像的规模。商业街空置的店铺和超市的停车场，从火车站前的空地到公园的所有自由空地，这些地方，就是"整个日本从北到南，所有能用到的地方全部都是我们公司的宣传场地！"孙社长就是用这样的规模一下覆盖了全日本，租借的销售场地达到了数千所。

总之无论如何，孙社长的想法就是如果有什么方法可以和最终的结果有关系，可以尽可能地扩大数量和销售场所，那么就长时间地执行这个方案。

软银虽然连续四年都出现了赤字亏损，但实际上如果希望早一点扭亏为盈也是完全可能实现的。

因为我们那时已经大致验证了"和哪个代理商合作会更好"以及"'太阳伞'的销售方式应集中在哪些区域更好"等几项结果。

然而，孙社长还是决定要保持赤字亏损直到最后一刻，尽可能多地投入人员和预算，并尽一切努力尝试了所有可能的方案。

其结果就是，2005财年的销售额迅速突破了1万亿日元。在接下来的一个财政年度中，它又增长了两倍以上，达到2.5万亿日元。

核心业务的利润收入也显著提高，从2005年的600亿日元，到2006年已达2700亿日元，翻了四倍以上。

此后公司业绩一直在持续扩大，发展到现在，已成为一家销售额为10万亿日元，营业利润达1万亿日元规模的大公司。

第 5 章
提炼最好的方法（高速 PDCA 工作法中的"A"）

提炼好方法的"6∶3∶1 法则"

用高速PDCA工作法进行多方尝试后找到"最佳的方法"是比较容易的。用数字方式检验所有的方法，并持续尝试一段时间，最佳的方法必然会被我们发现。

最困难的部分应该是找到最佳方法以后如何操作的问题。

现在是一个周围环境瞬息万变的时代，因此找出的最佳方法也很难永远都是"最佳的方法"，其可持续性很难把握。

也许你会这样想："如果最佳方法变得不适用了，再用同样的方式去找一遍最佳方法不就可以了吗？"但你们不觉得这样其实是很难的吗？

再从头开始尝试一遍所有能想到的方法，并找到一个最佳方法，这需要花费相当的劳力。

即使在软银这样的公司，尝试的过程中出现赤字亏损的情况，其风险也是很高的。即使你有过去的经验，但是可参考的程度也是有限的。

在这里能帮助您避免此类麻烦的，就是接下来要介绍的"6∶3∶1法则"。

假设您的公司已经与A印刷公司有过多年的交易，虽然对A公司的工作暂时没有不满意的地方，但是在成本和技术方面还存在有待完善的地方，那就可能还有更好的供应商。

但是，如果您委托新承包商去工作，可能会担心遇到一些新问题。

在这种情况下，就可以使用"6∶3∶1法则"。

首先，将100%工作中的10%切换到新公司B。只拿出10%的业务交给新公司去运作，即使出现了糟糕的情况，也能把投资的损失控制在最小的范围内，如果再马上切换到另一家更好的公司，也有可能挽回损失。如果风险只是十分之一，那么上司也就不会表现出太大的不情愿。

假如B公司按预期完成了工作，**则将下一次工作的30%留给B公司，然后再交给A公司60%，再将剩下的10%可用空间**

第5章
提炼最好的方法（高速 PDCA 工作法中的"A"）

始终以"6∶3∶1法则"获得最佳方式

最好的方法 6	稍微好的方法 3	全新的方法 1

如果您正从事房地产业务，并且发现当前建筑业公司的搬迁是最频繁的……

建筑行业 60%的劳动力	电信行业 30%的劳动力	兼职 10%的劳动力

广告，如果电视广告是最有效的……

电视广告 占60%预算	报纸广告 占30%预算	互联网广告 占10%预算

"6∶3∶1法则"的三大好处

① 我们可以在确保成果的同时进一步追求目标；
② 可以灵活应对突发情况和社会变化；
③ 即使新方法失败，也不会造成太大损失。

留给新公司C。如果B公司能够充分处理30%的工作，下一次可以试着把60%的工作留给B公司，并将A公司的工作比例降低到30%。C公司仍然看情况并保留10%，根据A公司和B公司的情况，考虑切换着委托其工作。

使用这种方式，可以在将风险降到最低的情况下，采用新的方法。

有10%的比例可以尝试使用新的方法。如果尝试了新方法后获得了好的结果，就将其工作比例提升到30%。就好比"6"是第一梯队，"3"是第二梯队，其余的"1"是测试队或预备队。

如果没有好的结果则会被人替代，这样的运作方式可以让第一梯队的从业者有紧张感地去工作，也可以期待其产生的辅助效果。

即使是我自己的公司，在万维网广告代理商的选择上，我们也是与三个代理商进行交易，并将其广告的预算按照6∶3∶1的比例分配到各个代理商的账户上。

实际上，万维网广告具有以下特点：由于季节性变化和广

第 5 章
提炼最好的方法（高速 PDCA 工作法中的"A"）

告代理机构运作的不均衡性，效果会发生波动。在某一个月内虽然是有效的，但在下个月可能其效果就会降到接近零。如果只是委托一家公司，那么对自己公司业务的影响将是巨大的。但是，如果运用"6∶3∶1法则"，则可以根据其影响重新调整，对预算进行重新分配。

归功于"6∶3∶1法则"，我们总能获得一定数量的新客户。

这样，如果将"6∶3∶1法则"用于您正在尝试的"最佳的方法"，则始终可以持续使用已经选择出的最佳方法。

引导对方说"Yes"的"交涉理论"

在尝试"最佳的方法"时，会有许多障碍。

例如，你的上司看到你的工作方式，可能会做出干预。

在这种情况下，要说服上司接受并采纳你的建议，你需要尽可能地消除对方的风险感。

换句话说，让情况变成这样：让对方认为，如果这样实行，一定会成功，一定能有所收获。

如果你能做到这点，那么总是可以引导对方说Yes的。

例如，在提出新的App开发计划时，你可能预想到上司会有以下的担心："是否有足够的开发成本呢？"

在这种时候，你可以找到一家在App开发方面拥有良好业绩的IT公司，并确认与之共同开发所需的预算金额。这样的事情，即使只是项目的联络负责人也是可以完成的。

第5章
提炼最好的方法（高速PDCA工作法中的"A"）

在与多家公司接触的时候，有时另一方表示："我想测试新技术的实用性，如果您认为我们在贵公司的APP中添加可用于做实验的部分功能也可以，那么贵公司支付的开发成本可以降到市场价格的一半。"

如果是这样的话，还可以向上司提议："这个APP的开发成本可以控制在部门年度预算的10%以内。"对于这类几乎没什么风险，而且成本也不是很高的事情，上司一般是不会反对的。

如果你想尝试用讨论来说服对方，我可以告诉你：其效果一般，而且很有限。

无论从理论上讲你的建议有多么的正确，但是如果对方坚持认为："如果实际尝试，还是可能会失败的"，这种情况下最好就不用再讨论了。

比起这样大费口舌去和对方讨论，**不如尽可能准备出一套可能接近"无风险，无成本"的方案，并以简单常用的方式展示业务的结果会更有效。**

实际上，孙社长正是使用与此相同的方式在与各种合作者进行着交涉。

179

您想知道为什么在手机销售行业当时排名第三的软银，能够成为日本第一个获得苹果手机独家销售权的公司吗？

之所以能够做到这一点，就是因为软银提供了一种让苹果公司认为"与软银合作绝对是最佳选择的"方案提议。

2006年苹果公司在日本推出了相关产品，那时软银也开始推出了"购买一套本公司的手机，赠送一台iPod"的销售策略。这样的方案原本就是日本手机业界非主流的操作，因为这个机缘软银成了苹果公司的一个大客户。所以那时，在日本购买iPod最多的就是软银了。

这为苹果公司和软银成为合作伙伴，在全球市场上形成联合阵线奠定了基础。

此外，当时孙社长还向苹果公司展示了软银的各种优势："日本手机市场纯客户增长数排名第一的公司""在亚洲互联网市场占有率第一名"，等等。

这些说法并没有夸大其辞。就销售额和合同数量而言，它是业界第三名，但净增幅度却是最大的。

"Yahoo! JAPAN"是日本排名第一的搜索网站，并对中国的淘宝和阿里巴巴等互联网公司进行了持续性的投资，建立了

第 5 章
提炼最好的方法（高速 PDCA 工作法中的"A"）

长期的合作关系。

孙社长只是传达了事实而已。尽管如此，对于苹果公司，还是发出了强烈的信息。

也许史蒂夫·乔布斯（Steve Jobs）并不认为软银只是一个日本排名第三的手机销售公司，而是把它当作"亚洲排名第一的公司"来看待的。

一家在销售 iPod 方面拥有良好经验的公司，并且不仅在日本而且在整个亚洲都是顶级水平的公司，在这种情况下，苹果公司认为"与软银合作对他们来说一定是最为有利的"，这就不会让人觉得奇怪了。

孙社长总是说："谈判的秘诀是'学抓鲤鱼'。""抓鲤鱼"实际上是指孙社长的家乡福冈县浮羽郡（现在的久留米市）的传统活动，那里确实有着非常有名的抓鲤鱼达人。

抓鲤鱼的达人为保证自己在水中的体温不要下降得太快，在抓鲤鱼前几天会多吃些营养价值高的食品，并且当天下水前还会在河岸边用篝火好好地烘暖身体。

然后抓鲤鱼达人就这样带着温热的体温下到河水里，鲤鱼

181

因感受到他温暖的体温而聚集到他身边取暖，这样他就能轻易地抓到游到他身边的鲤鱼了。这就是抓鲤鱼达人所使用的"抓鲤鱼"方法。

在做重要的工作之前先做好充足的准备，并制造一种对方希望看到的状况，让其相信选择我方一定能帮他实现计划。

这样的方式和孙社长的谈判技巧简直就是如出一辙。

谈判大师绝不会在讨论中与他人进行辩论，或妄想以精湛的话术来说服他们。

就像鲤鱼会自动地寻求人类身体的温暖一样，如果你创造了一个"与这个人在一起，我就是安全的"的状况，你的对手也就会自己主动跑来找你了。

为了得到他人的帮助，做你想做的事情，在提出建议之前，你应该集中精力创建"无风险，无成本"的状况。

第 5 章
提炼最好的方法（高速 PDCA 工作法中的"A"）

打动人心的是可视化

当然也还有其他说服上司的好方法。

不要和公司或上司去争斗，而是要最大程度地降低风险，带给上司一种"即使我同意这样做了，也是没有关系的"安全感，这才是说服人的技巧。

为了做到这一点，很重要的是将当前的问题"可视化"。

人们总是会担心自己不了解的一些事情。因此，关于自己想做这件事的方法，你只需明白地告诉你的上司和其他成员，你想做的是什么即可。

"可视化"有三个要点：

① 执行该方案后可能会出现的所有问题全部写下来；

② 要与项目所有的相关人员一起确定可能出现的所有问题；

③ 如果出现问题，可以采用的替代方案要准备好。

通过这种"可视化"的方式，让对方清楚接下来会发生什么情况，这在很大程度上可以消除对方的不安。

"失败的可能性比我们想象的要低啊。"

"即使这个方案运行得不顺利，我们还有其他的可替代方案吗？"

如果我们能清楚地看到即将要做的事，其他人就会很自然地说："那么，为什么不尝试一下这个提案呢？"

这里最重要的一点就是"在预想这个方案可能产生的问题时，要和所有与方案相关的工作人员一起找出可能出现的所有问题"。

不要独自去完成预想可能出现的问题这项工作，而应召集所有将参与实施提案的人员在一起讨论，集思广益才是对于实际执行这项提案最快、最确实的做法。

当我在启动一个新项目时，我总是尽可能地召集所有反对或质疑我建议的人一起讨论可能会遇到的困难。

第 5 章
提炼最好的方法（高速 PDCA 工作法中的 "A"）

这一点是自我加入软银以来养成的习惯，并且一直到现在，都没有改变。

在那样的场合下，如果我提议说"接下来，我们打算要做这样的事情"，大家就会你一言我一语地开始说："不，这个品牌很难筹集资金"，"在合规性方面会遇到很多的问题"，"交货期太短了吧"等等。

但这正是我希望达到的目的。

如果你能知道其他人担心的是什么，只需将其可视化即可。

如果你能展示出一个具体的操作方案告诉人们："我将以这种方式处理这个问题"，其他的人看到具体的方案后大体都会赞同你的提议。

但是，如果针对新的创意不能提供替代方案时怎么办？你可能会对此感到担心。既便如此，你仍然不要一个人做决定，而应聚集全体人员一起预想可能的问题，这才是正确的做法。

即使你不能提出自己的替代方案，但如果来自不同部门和职位的人员在一起的话，也可能会有人提出各自的建议。

"如果是这种情况，我们在上一个项目中采用的融资方法不是也可以使用吗？"

"如果是交货时间很紧的话，可以外包一些吧。我知道一个工作效率很高的承包商。"

就这样，他们七嘴八舌地会互相提出各自的想法。假设在项目全面启动之前，项目相关的各方人员聚在一起并互相见面，就都会产生一种主人翁的意识，自然地会在一起思考："我们必须联手解决眼前的问题。"

那样的话，你将比自己一个人动手更快、更切实地摆脱眼前可能存在的问题和风险。而且项目的每个参与者都会变得更加乐观，更加相信："如果这样的话，我们应该可以做到。"这样的事情我已经经历很多次了。

如果你想在日常工作或项目中实现"尽最大的努力做最大的尝试后，找到最佳的方法并能持续使用最好的方法"这一工作方法，就请召集项目所有的参与者并尝试一起找出所有可能出现的问题。如果你可以在那样的场合，把所有可能出现的问题和风险"可视化"，那么将更容易获得所有人的支持与合作。

第 6 章

借助他人的力量

至此，我已经阐明了如何高速地运转PDCA工作法。

然而，有件事我们还没有谈论到，那就是关于"如何借力"的问题。

实际上，到目前为止，孙社长在扩展软银业务的过程中，是借助了很多人的力量的。他们中不仅有优秀的商人，而且还有活跃在体育行业的人。

为什么需要获得其他人的帮助？因为那是使事情能顺利推进的最简单方法。

在本章中，我们将讨论孙社长是如何建立人脉关系并带领企业走向成功的，并将分享一些在实践中可运用的技巧。

借助他人的力量，成就自己的事业

毫无疑问，孙社长是一位经营天才，但他也不是什么都做得了的超人。

相反，他知道："我自己能做的事情是有限的。"

因此，当他开始一项新的业务时，一定会借助他人的力量来获取新的知识和信息。

对于任何有疑问的事情，他会立即找来对此十分了解的人进行咨询。当他要探索一个全新的领域时，就会拜托熟悉该行业的人员与他进行合作，或直接邀请他们到公司工作。

这样就可以从别人那里"借来"越来越多的信息、智慧、经验和专业知识。

如果说要等到自己完全掌握相关知识和经验之后再开始工

作，那不知要到什么时候你才能开始挑战一个新的事物。

一旦决定"我要做"，就马上去借助相关人员的力量，这是软银在各种业务中快速取得成功的秘诀。

我将孙社长实践的这种做法称为"深山里的向导理论"。

第一次去爬一座高山，为了以最快的速度迎接新挑战，最好聘用一位了解这座山峰的资深向导。

该向导会引导你走最短的登山路径，并告诉你存在哪些危险。在陡峭的斜坡上，向导会教你如何安全地攀爬而不会跌落。如果有你无法凭借自己的力量攀爬的地方，向导也会用绳索拉着你继续向上爬。

这就是为什么初学者也能够以最快的速度到达山顶的原因。有了向导，就完全不需要初学者自己摸索了。

孙社长做事情也是如此。每当攀登一个新的商务"山峰"时，他都会聘请一位"登山"向导。

软银自成立以来，涉足了各种业务，但在开始一项新业务的时候，孙社长都会先招募专业人士。

第6章
借助他人的力量

软银于20世纪90年代开始涉足金融业，孙社长邀请了原野村证券的北尾吉孝（译者注：现为SBI Holding的代表董事兼首席执行官）担任董事。这位曾说过"我最终会成为野村的总裁"的优秀证券人接受了孙社长的邀请，跳槽到了软银。

2000年，曾任富士银行副行长以及安田信托银行（译者注：现为瑞穗信托银行）董事长的笠井和彦先生也加入了软银，担任董事职务。从那以后，软银一直积极推进收购日本电信和沃达丰等公司，并在海外进行投资，作为财务专家的笠井先生对此提供了主要的支持。

软银于2005年开始经营职业棒球队，而这与公司过去的业务相差甚远。为了进入体育界，孙社长邀请了小林至先生加入。

小林至是东京大学毕业的第三位职业棒球选手，在日本一度成为焦点人物，退役后还获得了哥伦比亚大学管理学院的MBA学位。熟悉棒球和管理的小林先生正是最好的合作人选。

孙社长读过小林先生的书后，亲自联系了他，并邀请他管理职业棒球队。小林先生在福冈市的软银下属机构担任球队的执行董事，目前以顾问的身份参与棒球队的管理。

可以看出，每次在进行新项目时，孙社长都会从该领域的一流人员那里汲取智慧和专业知识。

这也是为什么软银能在短时间内迅速发展起来的原因！

第6章
借助他人的力量

为什么说孙社长善于用人呢？

孙社长借助力量的对象，不限于有名的人物。熟悉现场的商务人士、掌握最先进的技术和技艺的研究人员等，不管有名无名，只要他们拥有自己想知道的信息，孙社长都会请来帮助自己。

不管对方的头衔、职业生涯、年龄和经验如何，孙社长都能虚心听取对自己有益的信息和意见。

正因为有这份坦率，孙社长才能一边借助别人的力量，一边完成重大的工作。

例如，如果孙社长想筹措资金，就会召集好几家投资银行来听取意见。

随着技术的进步和市场的变化，金融世界每天都会出现新的筹措资金的手法，因此把他们召集到一起询问最新信息，是最快、最可靠的信息收集方式。

而且不能只问一家，关键是要同时询问多个金融机构。孙社长总是同时把四五家公司一起召集来，一起对他们进行咨询。这样在与第二家和第三家公司的交谈当中，就会突然发现一些问题："这样与第一家公司的说法不是相矛盾的吗？""第二家公司也提到过类似的方法，这里有什么不同吗？"

在听完所有公司的提案后，孙社长就对最新的资金筹措方法有了基本的把握。

孙社长不仅善于借用公司外部的力量，而且也非常重视公司内部的力量。如果有想知道的具体情况，不管是在外地出差的员工，还是海外集团公司的董事，孙社长都会马上与之取得联系。不管对方所处在的地方是深夜或清晨，如果孙社长没能马上问到答案，他是不会善罢甘休的。

大多数情况下，社会地位越高、年龄越大，就越不能虚心地听取别人的意见。"我在这个工作中已经是老资格的元老

第 6 章
借助他人的力量

了"，有这种自尊心作祟的人，容易盲目深信自己的意见是最正确的，变得不容易接受不同的想法和信息。

这正是"被常识所俘获"的状态，也是我们不能挑战新事物的原因。

孙社长则完全没有这种问题。

如果是个好主意，不论是自己的提案，还是部下或公司外部人的提案，孙社长都认可。

重要的只有一点：能不能出结果。

如果是对结果有益，那么任何人的任何意见都可以被接受，如果确实得到了好的结果，孙社长会给提出建议者以高度的评价。

这种平等对待所有人意见的公平性，给软银带来了强有力的生命力。

顺便说一句，软银的社外董事中有很多有名的大人物，也都是因为孙社长希望"身边总有一些自己能够毫无顾虑地去请教他们，并且他们也能毫不犹豫地给出意见的人"。

目前软银的外部董事有迅销集团董事长兼总裁的柳井正先

生和日本电产的创始人、董事长兼总裁的永守重信先生。他们两位都是日本杰出的、有代表性的优秀经营者。

过去，日本麦当劳的创始人藤田田先生和经营咨询顾问公司的大前研一先生以及被称为"日本因特网之父"的工学博士村井纯博士等大人物都曾被任命为软银的外部董事。

所以在谈论日本商业界和IT界的历史时，这些人都是不能被排除在外的重要人物。

孙社长自己也是个大人物，正因如此，他非常害怕周围没有人能对自己发表反对意见，提出有益的忠言。

全凭自己一个人的判断，有时也会出错。对于这一问题，孙社长经常有意识地加以注意。

而其他一般公司的外部董事，有不少是经营者个人很好的朋友，有的只是徒有其名，对公司的经营几乎从不插嘴，这样的情况也不少。

为了时常能劝戒自己，对自己的一时莽撞有所牵制，孙社长总是要把说刺耳话的人放在身边，以此来借助他人的力量。

这也是孙社长和其他经营者的不同之处吧！

第 6 章
借助他人的力量

借用孙正义"取胜模式"的必胜法

"借助别人的力量,不是一种很狡猾的做法吗?"

有些人认为他们只有用自己的力量从零开始创业,那样的生意才有意思。

也许也有这么想的人吧。

但是,世界上大多数所谓的"新业务",不过是在某人开展的业务上进行扩展和延长而已。

软银的业务也是如此。

搜索门户网站"Yahoo! JAPAN"只不过是照搬来了美国雅虎的商业模式,而日本那斯达克(Nasdaq Japan)也是美国证券交易所那斯达克的日语版本。低成本的ADSL服务也是在国外已经获得成功的事例。

有人可能会想："这些只不过是模仿了现有的成功模型。"

但是，就只是这样就很好了。

我们反复强调过，**孙社长唯一想的事情就是，它是否可以产生好的结果**。如果可以实现希望达到的目标，他不会过于拘泥所使用的某种方法。

原本，孙社长就不相信"经营的理念必须是自己原创的"。

相反，我认为好的创意和想法应该从他人那里积极地去借鉴。

据说软银被认为是"时间机器式经营管理"。

这种经营管理简单来说就是"在美国已经获得成功的商业模式，将其短暂地延迟后，再到日本来推广"。所以软银采用了先对美国有前途的风险创业公司进行投资、建立合资企业等方法，再将其转移到日本本土的商业模式，这是一种较早在日本开创的新的经营管理方法。

软银对美国的一家创业没多久的雅虎公司进行了投资，后来在日本成立了"Yahoo! JAPAN"的搜索引擎服务，这是一个十分典型的有代表性的事例。

搜索引擎服务的诞生，无非也就是因为美国有一个

第6章
借助他人的力量

"Yahoo！"，孙社长借用了他们的商业模式而已。

尽管如此，其结果是"Yahoo！JAPAN"已成为日本国内市场的第一大搜索引擎服务网站，这个商业模式对企业来说是一个巨大的成功。

不管这个想法是否是原创的，对任何人来说这一点都不再重要。

"Yahoo！BB"最初的推广模式——"太阳伞"销售模式的成功也是同样的，这是在其他领域获得成功的商业模式且成效非常显著，所以我们才开始采用的。

像孙社长这样的天才经营者也在从别人那里借来想法。如果你的商业经验或工作经验不足，则更应该向成功人士那里借鉴专业知识和智慧吧！

成功的公司或个人必定会有他们的"制胜法宝"。如果能借来的话，这样即使你没有工作或商业经验，也可以立即取得成效。

软银孙正义的
高速**PDCA**工作法

锻炼借钱能力的方法

孙社长从他人那里借来的不仅仅是信息和智慧,开展业务必不可少的工作就是借"钱",这也是天才管理者必须考虑的事。

那么为什么他能借到钱呢?

关键要点是"从目标进行反向计算,只在必要的时候借必要的钱,创造实际的成就并使之产生信赖感,以便在需要时借到所需的钱"。

正如第2章所述,软银能够筹集到足够的资金来收购日本电信和沃达丰,这是孙社长从"赶超日本最大的移动运营商成为第一名"这一目标反过来推算的战略。

要和日本最大的移动运营商上同一个赛场,必须参与到手机事业中。要参与手机事业,就需要在通信业界创造业绩。

第6章
借助他人的力量

描绘了到达终点道路的孙社长，首先参与到ADSL事业中，并获得了500万人的用户。以实际的业绩为基础，又筹措到了收购固定电话运营商日本电信的资金。

"ADSL用户也可以使用IP电话，如果与软银成为一体，日本电信的固定电话用户将享受到公司收购后的优惠方案，从而产生更大的协作，也会促进更大的增长。"

孙社长做了这样的说明，并从金融机构筹措到了资金。

收购额为3400亿日元。对于上一年度销售额为5000亿日元的企业来说，这算是一笔很大的金额了。

此次收购之后，我们获得了1000万人的客户和作为固定电话运营商的良好记录，并收购了手机运营商沃达丰。当时的收购价格为1.75万亿日元，是日本公司有史以来最大规模的并购。

对于以前没有从事过电信运营的软银来说，融到这样一笔款项是难以想象的，但是孙社长却使用"小跳、阶梯攀登、飞跃"的三步走策略，硬是向金融机构成功借来了巨额资金。

从那以后，软银也一直在进行购买和投资的工作，那也是因为孙社长具有能筹措资金的能力。

"软银借这么多钱没有关系吗？"经常听到这样的话，但从经营的角度来看，债务多反倒是件好事。

总之，那是因为金融机构判断这个公司"即使借钱，将来也能够赚回来，具有筹措资金的信用能力"。所以在能借到钱的时候，尽量多借为好。

用借来的钱让事业成功，让世间的钱运转起来，也是企业应该承担的重要责任。

第 6 章
借助他人的力量

拥有学习的热情更容易获得帮助

有人可能会认为,"那是因为孙社长在社会上具有影响力,所以其他人才会乐于给他提供帮助吧!"

然而,孙社长什么事情都会去问问别人,这种习惯并不是从现在才有的。

当我还是一个默默无闻的年轻人时,如果我有想知道的事情,我就会自己去寻求信息和汲取智慧。

孙社长16岁的时候,就因为去拜见了当时的日本麦当劳社长藤田先生而小有名气了。

当时孙社长是个无名的高校生,给藤田先生写了信,给他的秘书打了好多次电话,锲而不舍地坚持才最终成功地见了面。

孙社长向好不容易才见到面的藤田先生提问:"我现在要

去美国留学，应该学习什么呢？"

对此，藤田先生回答说："在今后的时代，请学习电脑。"一想到这句话决定了孙社长以后的人生方向，就让人感慨万千。

从这件事可以看出，**"不管我们是谁，只要我们愿意去请教别人，他们大多数都会回答我们的。"**

找到那个在专业知识和信息等方面对自己有帮助的人，和这样没有过任何联系的人联系，对他们说"我想借助您的力量"，拿出这样的勇气，花时间去实施这样的行动是有必要的。正因为如此，收到这样联络的一方也会感到"这个人想请我帮助是认真的"，那样他就会说"那我就帮他一下吧"。

我在20多岁的时候，也曾专门跑到被认为是"日本财务理论第一人"的大学教授那里去听他的课。

那是因为我转职到软银不久，就听孙社长说要加强使用数字的能力，但是多数情况下光靠我在学校学到的内容，却不知道如何在实践中发挥作用，所以我想到了向有这方面专业知识的人去请教。

对方虽然和我素不相识，但取得联系后，教授爽快地答应

第6章
借助他人的力量

了，我专程去了几次向他请教一些实际的问题。当然教授也没有向我收取上课的费用，完全是一片好意在帮助我。

当时软银的知名度还很低，我也只不过是个年轻员工，所以对教授来说，他接受这件事也没有任何的好处。

所以说，**如果真的有"想知道"的热情，这样从别人那里听取自己想学习的内容也是完全可能的。**"因为是学生"，"因为是一个新人的上班族"，所以，你没有必要犹豫不决。

到了现在，我被别人问询，希望听听我的意见的情况也增加了。

写到这里为止，反复提到很多次的供职房地产公司的山田先生，也是其中的一个。因为他也是和我取得了联络才来见面的，希望能听取关于"高速PDCA工作法"的建议，想抓住这样的机会，让自己的工作产生好的结果。

通常读过我著作的学生与我联系的居多，在方便的时候，我会和他们见面并与他们谈话，给予我的建议。**所以当你想到要自己联系书的作者时，就应该让对方知道你具有多大的热情和认真性。**

许多对创业和公司经营管理感兴趣的年轻人，请我对他们在哪里就职和如何晋升提供建议，现任LITALICO的董事长长谷川敦弥先生就是其中之一。

从现在算起大约10年前，他在上大学的时候拜访过我，问我"毕业后是直接就职工作好，还是自己创业好呢？"我回答说："如果想要创造出绝对胜出的状况，创业比较好吧。"

他选择了在风险企业就职的道路。不过，一段时间后，又从长谷川先生那里传来了消息，他在公司内因为业绩突出，年纪轻轻就当上了社长。只是，因为公司业绩还不是太理想，就想"希望借助三木先生的力量"。

于是我就成为了LITALICO公司的社外董事，一边向他介绍"高速PDCA工作法"，一边协助他们公司改善经营。他们的业绩马上转亏为盈，2016年公司也实现了上市。

我很高兴能将自己在孙社长那里学到的诀窍，像这样分享给年轻的经营者，为他们提供帮助。

像这样年纪轻轻就能做出成绩的人，大都很擅长借助他人的力量。

第6章
借助他人的力量

　　因此，大家如果有可以获得你需要的信息和智慧的人，也建议你们不要犹豫，立刻去取得联络。

　　现在用网络搜索，马上就能找到某个领域的专家和专业人士。如果他们还开设了主页和博客，从那里也可以用邮件与之取得联系，用SNS也能取得接触。

　　当然，我想也会有被拒绝的情况。但是如果对10个人打招呼，其中总会有1个或者2个对你给予回应吧。即使被拒绝了，我们也不会有任何损失，试着做一下是没有损失的。

　　不用承担任何风险，不用付出任何代价，你就能获得丰厚的回报，世上没有比这更划算的事情了！

让他人愿意助你一臂之力的说话方式

为了获得人们的帮助，我们有以下三个技巧：

① 在去询问别人的意见之前，先读读他们的著作；
② 准备好优质的问题；
③ 阐述自己最终希望达成的理想目标。

首先，"在去询问别人的意见之前，预先读读他们写的著作"。这是为了理清提问的"头绪"。

在简短了解了该领域或主题的基本信息之后，你需要弄清楚自己"是否是真的想知道一些这方面的信息"。

如果不做准备，连什么样的信息对你真正有用都不清楚，那么优质的问题从何而来呢？

第6章
借助他人的力量

我目前正在推进使用人工智能的新业务，并为之做着准备工作。

在准备开展业务时，我曾与该领域的研究人员和开发人员进行过深入的交谈，在此之前，我认真地阅读了大量关于人工智能的相关书籍。

在书店我买了三本这个领域的书，并在我认为重要的页面上都贴上了标签。如果能读三本涵盖某个领域基本信息的书，至少能理解"人工智能是什么"这个基本概念。

然后，当我去询问各种人关于这个领域的问题时，我在一家公司遇到了正在研究人工智能的人。

在事前摸清这个领域所有情况的基础上，当我提出"人工智能的学习过程和人类大脑的学习过程是相同的吗"这样优质的问题时，对方也说出了让我意想不到的答案。

"是这样的啊。所以对于人工智能的研究，我们是需要实验环境的。"

也就是说，如果有和人脑一样可以学习的环境，就可以把这个研究更加推动向前。

我的公司最初从事的就是英语教育的网上课程，所以拥有观察人类大脑学习过程的实验环境。于是，我提议："因为我们能提供实验的环境，所以咱们一起合作去做生意如何？"对方马上就答应了。

不仅是口头的询问借力，还成为了商务合作伙伴的互助关系，就这样，我的公司不用承担开发费用，就开始了利用人工智能技术的商业准备。

这正是因为事先看了书，才有了对这个领域咨询的线索。

"人工智能是什么？"如果这样提问的话，应该就没法涉及后面具体的工作话题了。

另外，在阅读书籍时，如果想要进一步深入挖掘周边的信息的话，推荐大家读一读相关的论文。"CiNi"（http://ci.ni.ac.jp/）是检索学术论文和博士论文等数据库的网站。

虽然有一部分是收费的，但是考虑到能获得的信息和知识的质量，价格绝对不算高。

论文的作者中，"虽然有的人并没有出版面向大众读者的图书，但在这个领域作为第一人而被熟知"的人也有很多，作为寻找自己希望咨询的对象，这个网站是一个可用的工具。

第6章
借助他人的力量

高明地向他人借力的第二个秘诀是"预先准备好优质的问题"。

所谓优质的问题，就是有了自己的假说之后还不明白的问题。

我演讲的时候，曾被问过这样的问题："现在做什么样的事业会成功呢？"

但是，对此我真的不知如何回答。

因为成功取决于工作人员的能力和经验以及所处的环境，其中哪个因素不同，结果都会变得不一样。

现在马上可以借入1亿日元的孙社长和只能借入100万日元的孙社长，在开始新的生意时会完全不相同。

因此，如果提出"什么样的事业会成功"这样的问题，并且不能明确地说明能够准备的资金及其"此人拥有的专业经验技术"、想要创立事业的地域和行业等前提条件，即使是我也是无法回答的。

但是，**如果你能带着你的具体情境下的假设来对我提问，我就能给你一些有用的建议。**

"我正在考虑在东京新宿区的繁华街道开一家9平方米的小

型苞米花店，现在有可以支付一年房租的现金，这个事业可以顺利进行吗？"如果能有这样的具体性的问话，我就能给出有用的答案。

因为，没有任何的前提条件，就提出"做什么会成功"这样的疑问，感觉就像是在和算命先生说话一样。由于对方也是在百忙之中很难得地花时间听你提问，为了不浪费这个宝贵的机会，我们还是要准备好优质的问题。

第6章
借助他人的力量

勇敢地说出你的志向

借助他人力量的第三个诀窍是"阐述自己最终希望达成的理想目标"。

之所以觉得"想要帮助这个人",是因为和他有一样的展望,产生了共鸣。这也许可以称为"志向"。

谈到自己的理想目标时,出现意想不到的合作者,也能收集到相关的信息和金钱等咨讯,这并不只是有希望的推测,而是确切的事实。

人们之所以经常聚集在孙社长的周围,是因为他经常向人们表达他有"自己想做这个那个"的志向。

如果有想做的事,大胆地广而告之,这是孙社长的一贯做法。

当时软银对外宣称要加入ADSL业务的时候,其实也只是涉及"开始尝试性服务"的内容。为何这么说呢？因为那时公司向管辖通讯业界的日本总务省的申请工作和与租借设备给我们的移动运营商NTT DoCoMo的协议工作并没有全部完成。

但是，当"软银宣布要做ADSL"的声明广而告之之后，想提供支持力量的协助者一个接一个地出现了。在软银加入此业务之前，从事ADSL业务的风险企业就提出了"想和他一起做这件事"的提议，并进行了收购，结果借用了这家公司的人才和经验技术，软银的事业得到了很大的帮助。

我独立创业后最先着手的是英语教学事业，**当我四处宣扬"我想做教育事业"的时候，出现了协助者。**

那人的公司当时经营着网吧游戏等内容的批发，我对他提议说，"如果能在网吧做英语独立教学的内容就更好了啊"。最终，那个人成为了投资者，而且承诺会帮我向他的网吧客户推销我们的内容。

托他的福，我不用自己准备大笔的资金，就可以无风险地开创新的事业了。

即使还是在创意阶段，只要和别人说说自己的想法，就会有意想不到的信息和资金聚集起来，这是我工作的实际感受。

第6章
借助他人的力量

当个人想在公司得到协助者时,情况也是同样如此。

如果你有想要做的事,请试着先与某个人交谈。

看起来很简单,但却是很重要的事。

当你保持沉默时,没人会知道您想做的是什么。但是,如果你试着说出来,那么很有可能会出现想要帮助你的人。在转职到软银之前,我一直在三菱地所工作,并且有过启动"开发丸之内地区的商业活力项目"的经验。

当时丸之内的整个地域范围,是十分沉寂的。经济泡沫破裂以后,大型地方银行和大型企业从大楼陆续退出,丸之内完全变成了一条萧条的商业街。

每天看着这样的街道,我就想"我要让这条街重现生机",我决定利用一个闲置的空店铺开一家咖啡馆。

但是,当时我刚毕业两年,而且隶属于公司的宣传部。

一位对于街道的再开发完全没有经验的新人提出这样的提案,反对的声音昭然若揭:"为什么在这个时候?""一定是无法顺利运营的。"要在一直作为办公区的丸之内开设餐饮店这个想法非常不合常理。

不过,**我还是说出了自己的理想目标,并很坚定地表示:**

"我想这样做。"看到我的态度后，直属的上司和其他的前辈都对我的想法表示了赞同。上司甚至说："我来承担所有的责任，请放手干你想干的事吧。"开设咖啡馆的资金，完全使用了宣传部门的预算。

在上司的帮助下，我有幸直接获得了对社长当面阐述提案的机会。

通过这个提案，这家"丸之内咖啡店"不仅开起来了，而且还取得了巨大的成功。以这一成功案例为开端，将丸之内区域变成一条富有生机的街道的项目也在公司内部正式启动了。

所有这些都是因为我对大家说出了"我想这样做"的理想目标。如果说还要加上另一点获得他人帮助的技巧，那就是要在"公司内部积累实际的业绩"。

果然不出所料，公司的所有人除了我的上司和一些前辈，都非常反对咖啡馆这个提议。

但是，一旦实际做了，当咖啡馆获得成功后，公司里其他员工的态度突然有了180度的改变，人们纷纷表示："我们这样做不是也可以嘛。"其结果是，愿意在这个项目上帮助我

第 6 章
借助他人的力量

们的人增多了。

业绩无论大小都没有关系,只要你在公司中能创造出实际的业绩,就会更容易获得周围同事的合作。如果他们认为"我可以与这个人一起共赢",人和信息都会自然而然地聚拢过来。

我认为,只要能够借助他人的力量,任何问题都可以在人们的帮助下获得解决。

比较极端的情况是,即使你被告知"麻烦你去开发一下太空",你也能立即点头同意说"好的"。

因为你只需要借助熟悉太空开发人员的力量就好了。

自己没有的东西只要你学会向别人借用就可以了。

如果这样去思考,我们自己可以做的事情的可能性将会变得无穷大!

卷尾语
软银持续成长不停止的秘密

时价总额 200 兆日元的世界头号企业

孙社长的终极目标设定，始终都是"成为第一名"。

这一点，正如我在第一章就已经说过的。

而且这个第一名，不是单纯的第一位，他努力的目标始终都是"压倒性的第一名"。

面对当时我们的竞争公司，软银只拥有数万人规模的ADSL业务用户，但是孙社长以软银要获得竞争公司数十倍的"获得100万的用户"为目标，加入到ADSL业务的竞争当中，并最终实现了这个目标。这件事就是一个十分有代表性的实例。

那之后，2013年软银在销售额、营业利润、纯利润等所有方面都超过了日本最大的移动运营商NTT DoCoMo，坐上了业界第一的宝座。

而且现今，孙社长已经在凝视着下一个"第一名"的目标了。

2016年的7月，软银收购了英国的芯片设计龙头企业ARM，成为人们热议的话题。

收购的金额大约是3兆3000亿日元。

收购沃达丰公司时，花费了1兆7500亿日元的金额，成为日本企业收购史中最大规模的收购。

ARM公司设计的芯片，从智能手机到平板电脑，再到各种软件等，在世界上被广泛使用，为苹果、三星等多个企业提供着产品。特别是智能手机领域，"世界上97%的手机终端都搭载着ARM的芯片"，具有压倒性的市场占有率。

孙社长并不是为了成为智能手机市场的第一名而对ARM公司进行收购的。

卷尾语
软银持续成长不停止的秘密

到现在为止，计算机世界里反复上演着百花争艳的场景。而且，接下来会到来的是"IOT"时代，孙社长如此考虑着。

"IOT"，这是取了"Internet of Things"（物联网）的开头字母，到现在为止主要连接在个人电脑和移动设备等机器上的因特网，今后也将连接在各种物品上。

今后的汽车和家用电器等，所有的物品都会接上互联网。总之，就是所有的物品都将成为互联网的末端设备。

如果是那样的话，就会需要远远超过手机和平板电脑数量的芯片。到那个时候，如果想要取得压倒性的市场占有率，那就只能收购ARM公司了。

由这个实例而引发了世人的疑问："收购这家公司花费这么大的价钱，值得吗？"但是我认为，对于孙社长来说，是因为他有着"这次绝对会赢"的信念。

甚至孙社长可能还会认为"只花3兆多日元就能收购这样一家好的公司，真的是太划算了"吧。

对于孙社长来说，他现在的参照榜样可能就是英特尔公司。

从20世纪90年代到现在，因特尔公司作为半导体的制造商就一直位居世界第一，持续保持了个人电脑用CPU的压倒性的

221

市场占有率。但是从个人电脑的时代到物联网的时代，如果继续出现百花争艳的状态，ARM公司的优势就会越来越大。

那个时候，软银将会成为"压倒性的第一名"。

孙社长将那个设定为最终的目标，并且还用具体的数值显示了目标。

2010年，软银成立30周年，软银发布了"新的30年的目标"，即"30年后，软银将成为时价总额为200兆日元的企业"，并十分明确地表明了这个目标。

如果这个目标能达成的话，我们预测软银将在2040年可能进入世界时价总额前十名的公司之列。

现在的软银，集团总资产大约是11兆日元，200兆日元的目标单纯计算是接近于现在大约20倍的数字。

孙社长期望能将这个目标达成。

"10兆、20兆的说法已经过去了。接下来是100兆、200兆的说法了！"对于孙社长来说，应该就是这样的感觉吧。

大概在2000年，我和孙社长曾经一起制订了"软银300年计划"。

不是10年或20年，而是300年以后的未来，软银会怎样？对

卷尾语
软银持续成长不停止的秘密

此我们两人认真地讨论过，现在还能想起来，我们当时把想法记录在了一卷长长的纸上。

那个时候，孙社长就曾提出这样的问题："每年需要增长多少百分比，才能超过100兆日元呢？"

这些不同的数字目标，并不是孙社长突然定出的，对于孙社长来说，这是很早以前就一直在关注的目标。

在低速成长的日本，成长还能继续吗？

不管是公司还是个人，能持续成长的话，是因为总是设定了很高的目标。

因为设定了高目标，所以从那里反过来计算的"今年/这个月/今天的目标值"就是固定的。"为了达成目标，现在应该做什么"也就会一目了然。

可是多数的日本企业，都会去积累"现在能做的数字"。

"因为今年不景气，所以我们就先把目标定在与前一年相比的101%吧。"

用这样的思考方式，结局也就是维持现状而已。没有任何从自身方面要去进一步提升的主观要素。

现在的日本企业不能成长的原因也就在这里。

原本日本人就有对于结果性的目标提交方式表示恐惧的

卷尾语
软银持续成长不停止的秘密

倾向。

如果对美国人说"如果你能达成目标的话，就让你出人头地哦"，他们就会给自己随意地设定一个很高的目标。

"比起去年，我今年需要达成135％，一定要超过我的竞争对手。"他们一般会这么去思考。

但是同样的话如果对日本人说了，日本人通常会这么反应："如果达不成目标会更糟糕，还是把目标设定为跟去年相似的101％吧。"最后就成了这样。

总之就是不想失败。为了不失败，就会把成功的标准放到很低。那么想的话，目标值自然就下降了。这样就很难获得成长，不能赢过国外的企业也就是理所当然的了。

日本人如此这般害怕承担风险，是因为处在一个不太容许风险的社会环境当中。

如果只是失败了一次，评价里就会始终跟着一个"×"。只要这样的评价机制不发生改变，在日本企业工作的人也许都会一直持续这种畏惧挑战的状况。

在风险的容许度很低的组织当中，想持续创造出更高结果的方法只有一个——那就是"高速PDCA工作法"。创造以失败作为前提的组织机制，如果能将失败与成功相联系，失败就会变得不再是失败了。

一边承担着一定的风险，一边积累着小的成功，朝着更高的目标，不断地让"高速PDCA工作法"运转下去。

如果那样做，在我们自己意识到的时候，就已经站在让自己都惊讶的高山山顶上了。

卷尾语
软银持续成长不停止的秘密

如果以"第一名"为目标，谁都可以获得成长

孙社长实践着的"第一名战略"，不仅仅只是适用于企业的经营。

个人即使是在确立工作目标时，也应该以成为第一名为目标。

如果是营业人员，"在同部门成为第一名"，"在同一个地域的负责人中成为第一名"，"在同期的社员中成为第一名"，每个人都应该有这样所谓的身边的榜样。他们都将成为我们参照的模范。

将超过那些人业绩的数值设定为自己的理想目标，从决定"我要干一场"的那个时候开始，你的"高速PDCA工作法"就将开始运转。

当然，我想公司也会给我们一定的工作最低指标，如果那

个指标只是部署在第二位的数值，即使你达成了那个目标，也只能一直是第二名。如果希望自己能获得更大的成长，就在定额目标之外设定自己的终极目标，这是非常重要的。

如果能做出第一名的成绩，即使你只是个新人或者是个年轻人，人和信息还有金钱都会聚集而来。

和别人或团队在一起工作的时候，也会出现"想要和第一名在一起工作"这样被指名的事情。如果和优秀的合作者一起工作，就能共享有益的信息和工作技巧，然后做出更好的成果。

上司在分配工作任务时，也会首先从第一名开始询问并分配。

就如首先会被上司直接点名询问："有一个很有可能向我们公司预定产品的大客户，你要试着挑战一下这个客户吗？"这样的人一定是做出顶尖业绩的人。

对于能做出业绩的人，从公司那里也可以申请到大的预算和经费。

即使是个人的工作，成为第一名能收获的价值也是你预想不到的。

使用"高速PDCA工作法"做出结果,不仅仅是销售额或利益等业绩。

改变你的工作方法也是有可能的。

虽然现在每天加班到很晚,但是想要用更短的时间做出成果,如果你那样想的话,可以将每天的工作单位设定为"工作到晚五点半为止",在那个设定的工作时间内运行"高速PDCA工作法"就可以了。

工作的效率将不断提高,你应该可以成为"单位时间内生产效率最高的第一名"。

如果是属于组织的人,几乎所有的情况都是由公司给出具体的目标。

但是,如果是"被公司或上司要求了所以只能做"的情况,不仅工作热情无法提高,而且所给出的目标也容易成为单纯的压力或负担。

比起那样的情况,自己设定一个高的目标,自己一边下功夫一边做出结果,工作做起来一定会变得更愉快。

因为不管对于什么样的人来说,都会有一种生活方式,是将自己想做的事情变成自己的理想。所以，首先是我们需要决定那件事就是"我要去做的"。

像孙社长、我以及其他成功人士那样，如果我们能从实际工作出发，踏实肯干，不管是多么宏伟的目标，我们都一定可以达到。

自己的人生不要受他人的控制，为了能按自己的意愿生活下去，希望大家一定使用"高速PDCA工作法"，使之为自己的工作和生活发挥最大的作用。